L'UTOPIE

DE

THOMAS MORUS.

Imprimerie de J. BELIN-LEPRIEUR fils, rue de la Monnaie, 11.

L'UTOPIE

DE

THOMAS MORUS

TRADUCTION NOUVELLE

PAR

M. VICTOR STOUVENEL

AVEC UNE INTRODUCTION, UNE NOTICE BIBLIOGRAPHIQUE ET DES NOTES
PAR LE TRADUCTEUR.

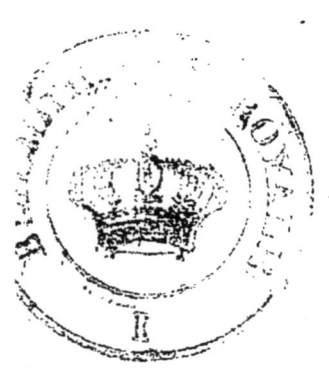

PARIS

PAULIN, LIBRAIRE-ÉDITEUR

RUE DE SEINE, 33.

—

1842

INTRODUCTION.

L'Utopie de Thomas Morus est un renseignement précieux pour les économistes qui étudient les diverses phases de la science sociale ; pour les hommes d'état attentifs aux développements de la politique anglaise.

Du reste, cette publication n'est pas l'œuvre de l'esprit de parti. Il y a loin de la société vraiment évangélique de Thomas Morus au communisme sensuel et athée de nos jours.

Une autre différence essentielle sépare l'Utopie

de la plupart des systèmes de nos réformateurs modernes.

Ceux-ci brisent d'un seul coup les nationalités. La nationalité d'un peuple n'est pas, à leurs yeux, la ceinture de sa force et de son indépendance, mais la chaîne qui le retient esclave et affaibli. Ils font des plans immédiats pour le genre humain ; ils prennent tous les peuples à la fois, sans distinction d'âge ni de mœurs ; puis les jettent pêle-mêle dans le moule où doit se fondre la grande famille homogène, une, indissoluble.

Thomas Morus ne procède pas ainsi. Son livre n'est pas précisément le code du genre humain, ni le programme de la paix universelle. C'est plutôt une formule d'organisation intérieure et de politique extérieure, à l'usage d'une nation distincte qui, pour un Anglais, ne pouvait être que l'Angleterre. Cette nation, au point de vue de l'auteur, a sur les pays voisins la supériorité d'intelligence, de richesse, d'activité et d'influence. Peu à peu elle les absorbe dans sa propre substance ; elle les assimile à sa vie sociale par le commerce, la colonisation, la conquête. Cette assimilation progressive de plusieurs peuples en un seul n'est-elle pas la marche naturelle des choses ? Du moins, l'histoire tend à prouver que, jusqu'à présent, telle a été la loi des destinées humaines.

La rédaction de l'Utopie est rapide, concise et méthodique ; on voit que l'auteur n'avait pas de temps à perdre, et qu'il se pressait d'enfermer une foule d'idées sous le plus petit volume. La forme de l'ouvrage est très simple ; c'est une conversation intime où Thomas Morus aborde *ex abrupto* les questions les plus neuves et les plus difficiles. Sa parole est tantôt satirique et enjouée, tantôt d'une sensibilité touchante, souvent d'une énergie sublime. Chez cet homme de bien, le cœur parlait aussi fort que la tête.

L'Utopie se divise en deux livres : l'un critique et l'autre dogmatique.

Le premier livre est le miroir fidèle des injustices et des misères de la société féodale ; il est, en particulier, le martyrologe du peuple anglais sous le règne de Henri VII. Ce prince, qu'une insurrection avait fait roi, eut à combattre plus d'une insurrection pour se maintenir. Il versa donc le sang de ses sujets ; mais sa préoccupation dominante fut de prendre leur argent, par tous les moyens qu'un pouvoir à peu près sans limite fournissait à la cupidité la plus effrénée. Il entassa impôts sur impôts, couvrit l'Angleterre d'un vaste réseau de prohibitions, de délits et d'amendes, et fit de la justice un vrai crible, par où il tamisait toutes les fortunes privées. Le Parlement, au lieu de résister aux ignobles instincts du monarque, lui servait absolument de machine à battre monnaie[1].

[1] Henri VII, issu de la maison de Lancastre, monta sur le trône avec un bonheur extraordinaire, à la faveur d'un soulèvement dans le pays de Galles. Il avait passé sa jeunesse dans l'exil, réfugié à la cour de Bretagne, puis à la cour de France, et conspirant contre la maison d'Yorck. Sa légitimité, très équivoque, se couvrit du manteau de la victoire; il tenait sa couronne d'un soldat qui l'avait ramassée à Bosworth-Field, près du cadavre de Richard III, et le Parlement, serviteur docile de tous les partis vainqueurs, érigea en loi un fait accompli. Henri VII, sombre et sévère, attaché au travail et aux affaires, égoïste et sans amitié, politique habile et tortueux, visait en toute chose à consolider sa dynastie, amplifier sa prérogative, et remplir ses coffres. Méfiant à l'excès, même à l'égard de ses ministres, qui ne furent jamais que ses instruments, il gouverna par la trahison, la corruption, l'espionnage, et pilla littéralement le peuple à force d'impôts, de confiscations et d'amendes. Son règne, favorable d'ailleurs à la bourgeoisie et à la division des fortunes, fut agité par des révoltes toujours renaissantes et toujours étouffées. La fortune semblait avoir fait un pacte avec lui. Les entreprises des prétendants Simnel et Perkin Warbeck, les complots des grands, les deux insurrections de Cornouailles, tout cela ne servit qu'à raffermir son autorité. Guerrier, au dedans,

Le peuple d'Angleterre n'était pas seulement la victime de l'avarice de son roi, d'autres causes d'oppression et de souffrance le tourmentaient encore. La noblesse possédait, de commun avec le clergé, la majeure partie du sol et de la richesse publique ; et ces biens immenses, placés dans des mains paresseuses ou égoïstes, demeuraient stériles pour la masse des travailleurs. De plus, à cette époque d'anarchie, les grands seigneurs entretenaient à leurs gages une multitude de valets armés, soit par amour du faste, soit pour s'assurer l'impunité, soit pour en faire des instruments en toute occasion de violence ou de débauche. Cette valetaille était le fléau et la terreur du paysan et

---

vainqueur à Stoke et à Black-Heath, il se maintint obstinément en paix avec l'Europe, hormis le cas où il déclara la guerre à la France. Mais cette démonstration belliqueuse n'était en réalité qu'une spéculation commerciale, qui eut pour résultat de vendre 745,000 écus d'or la paix d'Étaples à Charles VIII, et d'obtenir de la complaisance du Parlement des subsides énormes. Cela fait, Henri VII se hâta de lever le siége de Boulogne, et de licencier ses troupes, peu soucieux de voir le duché de Bretagne définitivement acquis à la France. A sa mort, il laissa 1,800,000 liv. sterling, et une mémoire tellement exécrée, que son fils Henri VIII dut sacrifier à la vengeance publique Empson et Dudley, principaux ministres de la fin du dernier règne.

de l'ouvrier. D'un autre côté, le commerce et l'industrie de la Grande-Bretagne ne pouvaient avoir qu'une existence chétive et bornée, avant les voyages de Colomb et de Gama. L'activité infatigable de ce peuple, qui menace aujourd'hui d'envahir tout le globe, se consumait dans les guerres civiles, ne trouvant pas d'issue au dehors. Ainsi, les générations s'accumulaient sans but, sans travail et sans pain. L'agriculture tombait en ruine, parce que la culture proprement dite était délaissée pour l'élève des bêtes à laine, opération qui donnait alors de brillants bénéfices. En conséquence, les gros capitalistes accaparaient le sol outre mesure, changeaient les terres labourables en prairies ; ce qui réduisait une foule de gens de la campagne à la plus affreuse disette.

Ce triste état de choses multipliait nécessairement dans une progression effrayante la mendicité, le vagabondage, le vol et l'assassinat. Au lieu de guérir tant de maux par une administration habile et bienfaisante, les politiques du temps ne savaient leur appliquer d'autres remèdes que la prison et le bourreau. La loi anglaise était même sévère jusqu'à l'absurdité et la barbarie ; elle tuait indistinctement le voleur et l'assassin, pressée, pour ainsi dire, de noyer la misère publique dans le sang.

On concevra maintenant l'amertume des critiques et la violence des colères de Thomas Morus contre une société aussi profondément désorganisée. Sa malédiction est impitoyable pour le privilégié oisif et corrompu ; sa compassion, pleine d'amour et de larmes pour le malheureux qui travaille et qui souffre. Depuis l'Utopie, rien n'a été écrit de plus hardi, de plus neuf, de plus révolutionnaire et de plus démocratique en fait de démolition et de réforme. A lire ces pages toutes brûlantes de la passion de la justice, on croit entendre le *jugement dernier* des iniquités sociales, et comme une prophétie des terribles représailles exercées par Cromwell, et chez nous par 93.

Si l'auteur de l'Utopie est dans la vérité quand il attaque la législation et l'administration de son pays, il n'a pas le même droit d'accuser la politique de la France. Louis XII et François Ier étaient des types d'honneur et de loyauté auprès de souverains tels que Ferdinand le Catholique, Maximilien Ier, Jules II, Léon X et Henri VIII. Mais l'année où l'Utopie fut écrite (1516), le cardinal Wolsey, violant les traités d'avril 1515, payait secrètement l'invasion du duché de Milan par l'empereur, préparait une coalition contre François Ier, et cherchait à détacher le peu d'alliés fidèles à ce prince. Thomas Morus, que le cardinal avait récemment chargé d'une mission diplomatique en Flandre, devait subir l'influence de ces événements, sans parler de l'influence éternelle de l'antagonisme national. Voilà pourquoi il épouvante ses lecteurs du fantôme de l'ambition de la France; rappelle à l'archiduc Charles ses mariages manqués avec les princesses Claude et Rénée; rappelle aux Vénitiens le traité de Blois et la ligue de Cambrai, qui leur reprit Crémone et la Ghiarra d'Adda; pourquoi il justifie, par l'énumération de prétendus griefs, la violation flagrante des traités que la cour de Londres commettait alors.

Le plus singulier de ces griefs est dans le reproche adressé au ministère français de se méfier de la stabilité de l'alliance anglaise. Certes, il y avait de bonnes raisons pour cela; et, au commencement du seizième siècle, cette alliance se manifestait déjà extrêmement inconstante et mobile. Depuis le 23 mars 1510 jusqu'en avril 1515, l'Angleterre avait fait avec la France trois traités d'amitié et de paix, et signé contre elle trois ligues de guerre offensive. A l'heure même où l'auteur de l'Utopie se plaint de la méfiance des ministres français, Wolsey continuait à ourdir cette suite d'intrigues d'où sortit la ligue défensive de Londres, du 29 octobre 1516[1].

[1] Variations de la politique anglaise vis-à-vis de la France pendant six ans.

1510, 23 mars, Henri VIII jure paix et amitié à Louis XII, jusqu'à la mort du premier mourant. Deux mois après, le 24 mai, Henri s'unit avec le roi d'Aragon par un traité défensif, où l'on remarque ces paroles : « *Rex sic requisitus... guerram actualiter aget in propriâ personâ, si rex Gallorum fuerit* (hostis invadens). *Quod si rex Gallorum non fuerit, tunc per locum tenentem et capitaneum.*

1511. Le cardinal Bambridge, ambassadeur anglais, consent et participe à la fameuse ligue de Rome du 4 octobre, conclue entre Jules II, Ferdinand et Venise. Le 17 novembre, sans aucun motif avouable, Henri se ligue avec Ferdinand pour la conquête de la Guienne.

1512. Expédition d'Edouard Howard et du marquis de Dorset contre la France. Lettres patentes du 14 novembre, par lesquelles Henri se joint à la ligue de Rome.

1513, 5 avril, ligue de Malines contre Louis XII, entre Léon X, Maximilien Ier, Henri VIII et Ferdinand. Henri VIII envahit la France; bataille de Guinegaste, prise de Terouenne et de Tournai.

1514. Henri VIII fait la paix avec Louis XII, le 7 août, et lui donne en mariage sa sœur, la princesse Marie, déjà mariée par procuration à l'archiduc Charles, prince de Castille.

Ainsi, l'on voit que Thomas Morus s'égare d'une façon étrange dans ses récriminations. En cette occasion et en plusieurs autres, il parle comme un véritable Anglais, toujours armé de ce patriotisme exclusif et partial, qui est le fond du caractère de cette nation, et constitue peut-être un des premiers éléments de sa force.

Néanmoins, il faut le reconnaître, cet homme, dont l'honnêteté était en exemple à son siècle, traversa le monde diplomatique avec dégoût. Sa conscience se trouvait mal à l'aise dans ces négociations, où l'ambition, le mensonge et la perfidie s'agitaient sous une enveloppe fastueuse de religion, de morale et d'honneur. Lui-même l'écrivait à son ami Erasme en ces termes : « Vous ne croi-
« rez pas avec quelle répugnance je me trouve
« mêlé à ces affaires de princes ; il n'est rien au

1515. Le traité de paix précédent est renouvelé entre Henri VIII et François Ier, en avril. Puis tout à coup l'Angleterre redevient hostile à la France et lui cherche partout des ennemis. Thomas Morus fut un des agents de cette réaction ; il faisait partie de la commission que le roi Henri députa le 7 mai 1515 auprès de l'archiduc Charles (plus tard Charles-Quint), afin de se raccommoder avec ce prince et de calmer ses justes ressentiments.

« monde de plus odieux que cette ambassade. »
In negociis istis principum haud credas quàm invitus verser ; neque potest esse quicquàm odiosiùs mihi quàm est ista legatio. (Epistola ad Erasmum.)

Après avoir abattu, Thomas Morus se met en œuvre d'édifier. Il a convaincu de déraison et de vanité la plupart des institutions établies, flétri leurs turpitudes et leurs abus ; il a jeté par terre la vieille société. Il va dérouler, au second livre de son ouvrage, le plan d'une vie sociale toute nouvelle, que Platon avait rêvée, et que les premiers chrétiens pratiquaient volontairement, selon ces paroles des *Actes* :

« Tous ceux qui croyaient étaient égaux et avaient
« toutes choses communes. — Ils vendaient leurs
« possessions et leurs biens et les distribuaient à
« tous, selon les besoins de chacun [1]. »

L'exposition du système utopien est facile à résumer.

L'Utopie est une île dont les habitants se divisent

---

[1] Omnes autem qui credebant erant pariter et habebant omnia communia. Possessiones et substantias vendebant, et dividebant illa omnibus, prout cuique opus erat. (Act. Apost. Cap. 2 : v. 44, 45.)

en cités égales pour la population et le territoire.
— La cité se divise elle-même en familles égales pour le nombre des membres, mais qui professent chacune un métier, une industrie à part. — La propriété individuelle et les valeurs monétaires sont abolies ; tout appartient à la communauté.

Le gouvernement est électif et se compose d'un prince nommé à vie, mais révocable ; d'un sénat et de magistrats populaires.

Le sénat dresse annuellement la statistique générale de l'île. — Il vérifie l'état de la population, les besoins de l'année courante, la somme existante des produits de l'agriculture, du commerce et de l'industrie. D'après ces données, la richesse nationale est distribuée, par portions égales, à chaque cité, où elle se ramifie entre les familles, jusqu'aux individus. — Des lois particulières déterminent la durée journalière du travail habituel, règlent l'exécution des travaux extraordinaires et d'utilité publique, maintiennent l'équilibre de la population.

Les familles se perpétuent au moyen du mariage, tempéré par le divorce.

L'éducation est publique. Elle comprend un enseignement élémentaire, uniforme et commun à tous. Ensuite, elle devient professionnelle et spéciale, et se continue dans les cours publics, ouverts à tous les citoyens, pendant les heures libres.

Les peines des grands crimes sont l'esclavage et les travaux forcés, très rarement la mort, jamais la réclusion permanente et isolée.

Il y a une religion publique tellement simple et générale dans ses dogmes et les cérémonies de son culte, qu'elle ne peut heurter aucune conscience. Toutes les croyances sont protégées et respectées, à l'exception de l'athéisme et du matérialisme. La manifestation des doctrines de cette dernière espèce est prohibée ; on les regarde comme une dépravation attentatoire à l'existence sociale.

Finalement, les institutions utopiennes sont calquées sur la nature humaine, et n'ont en vue que son entier perfectionnement. Elles assurent d'abord à chacun la satisfaction des besoins légitimes du corps ; mais la vie de la chair n'étant que la moitié de l'homme, elles développent aussi soigneusement, chez tous les citoyens, l'exercice des facultés de l'esprit. En sorte que la science, la philosophie, la morale, l'industrie, les arts et la culture font en ce pays de merveilleux progrès.

Les mœurs du peuple utopien sont en harmonie

parfaite avec ses institutions. L'on n'y connaît pas les vices qui dégradent, les passions qui troublent les individus, les familles et les états. La fraternité, l'amour de l'ordre et du travail, le respect des magistrats, le dévouement à la patrie, la foi religieuse, la modération dans le plaisir, le mépris du luxe et des distinctions frivoles y sont des vertus communes et ordinaires.

Thomas Morus omet souvent des détails nécessaires à l'intelligence complète et à l'application de son plan. Souvent il se contente de poser des principes et des faits généraux, de combiner les termes les plus simples du problème. Cependant, la solution qu'il donne est encore le produit d'un beau génie, et laisse en arrière bien des choses écrites ou innovées depuis trois siècles, en fait d'administration civile, de système pénitentiaire et d'éducation publique. Mais le mérite essentiel, le mérite principal de l'Utopie est d'avoir tenté une œuvre, dont la réalisation doit être sans doute la tendance caractéristique des progrès ultérieurs de l'humanité. Nous voulons parler de l'accord à établir entre les droits et les devoirs, la liberté et la loi, l'égalité et la hiérarchie, la science et la religion, le bonheur terrestre et la morale chrétienne.

Il a été dit, au début de cette introduction, que l'Utopie n'était pas précisément le code du genre humain, ni le programme de la paix universelle. Cela se confirme par la lecture du second livre, et la conduite de la république utopienne à l'égard de l'étranger. — La politique de ce peuple-modèle s'éloigne absolument des principes d'égalité et de justice, qui président à son organisation intérieure. Elle porte l'empreinte de ces temps de machiavélisme raffiné, où Thomas Morus composa son livre ; elle sent l'impure école de César Borgia.

L'Utopien, modeste dans la vie privée, est insolemment fier de la supériorité de son pays ; il méprise les autres nations, et prendrait de droit toute la terre, s'il en avait besoin, pour s'y loger et vivre. Ce peuple ne reconnaît pour alliés que ceux qui lui demandent des lois et des chefs, acceptent sa protection, son commerce et son empire. Non content de posséder au loin d'immenses territoires, il veut encore être l'arbitre des continents qui l'avoisinent. Quand l'honneur ou l'intérêt lui commandent une guerre, il commence par inonder le pays ennemi de proclamations, d'or et d'agents secrets, afin de soulever les révoltes et les déchirements ; de soudoyer la guerre civile et l'anarchie; de pousser à la trahison les généraux et les ministres; de provoquer à l'assassinat du chef de l'Etat et des hommes les plus dangereux. Si tous ces moyens de décomposition intérieure ne suffisent pas, il organise une coalition, et fait entrer en campagne les armées étrangères. Enfin il marche en dernière ligne avec ses auxiliaires; le sang utopien est trop précieux, il ne faut le verser qu'après que le sang des alliés a fini de couler.

Ici la pensée se reporte, malgré soi, sur la conduite constamment suivie par les conseillers d'un état voisin; et ces luttes systématiques, monstrueuses, que soutint la France pendant la révolution et l'empire.

Quoi que l'on fasse de cette observation, il est clair que le peuple utopien, souverainement juste et humain chez lui et pour lui, se montre dans ses relations extérieures, souverainement despote, cruel et perfide.

D'où vient une contradiction aussi tranchée, de la part d'un écrivain dont la probité est devenue proverbiale? On peut l'attribuer premièrement à une exagération patriotique mal entendue, mais surtout aux déceptions répétées que l'Angleterre avait subies, de 1511 à 1515.

Durant cette courte période, le cabinet de Londres s'était maladroitement mêlé des affaires d'Italie. Croyant enlever à la France deux ou trois provinces, il avait prodigué ses soldats et ses trésors au seul profit du roi d'Aragon, du pape et de l'empereur [1]. Ces mystifications ruineuses lui ouvrirent les yeux. Il comprit qu'il était la dupe de ses alliés, et qu'en définitive la ruse et la fourberie leur avaient servi, beaucoup plus qu'à lui l'audace et la victoire. Sans doute les diplomates anglais, et Thomas Morus avec eux, trouvèrent-ils convenable et utile d'adopter, en principe, cette politique inqualifiable, justifiée à leurs yeux par le succès, et dont la politique utopienne est la traduction [2].

[1] A l'aide de la guerre alors engagée entre Henri VIII et la France, le roi Ferdinand s'empara de la Navarre et conserva le royaume de Naples; Maximilien Ier, cet empereur mendiant, récolta des sommes énormes, et les papes Jules II et Léon X s'efforcèrent d'étendre leur puissance temporelle en Italie.

[2] Il est certain que de profonds changements eurent lieu vers cette époque, dans les conseils du jeune roi Henri VIII. La politique anglaise, laissant de côté ses vieilles routines, prit une direction déterminée, en rapport avec sa position géographique

Maintenant, quelques mots sur la communauté des biens, base essentielle des théories de Thomas

isolée et si bien défendue, en rapport avec l'avenir que lui présentait la découverte de l'Amérique et des Indes. Les bases du nouveau système furent naturellement celles-ci :

Opérer la réunion de l'Écosse, ce qui faisait de l'empire britannique un centre national d'une complète et juste étendue ;

Abandonner provisoirement toute prétention de conquête sur le continent européen ; mais y occuper la position dominante ;

Affaiblir autant que possible l'influence et la force de la France ; la maintenir en état permanent de suspicion et d'hostilité vis-à-vis des autres puissances ;

Choisir pour destinée et premier but d'ambition la souveraineté et le commerce des mers ; employer l'excès de population et d'activité intérieures à soumettre les terres lointaines, accessibles à la navigation.

On sait que l'Angleterre a poursuivi l'accomplissement de ces projets avec une ténacité patiente et mesurée, *per fas atque nefas*, à travers les bouleversements, les progrès et les situations imprévues amenées par le temps. Aujourd'hui ce peuple, relégué au bout du monde, est partout au moyen de ses vaisseaux. Il plonge dans l'abîme où il se croit éternellement à l'abri, et son front brumeux se penche sur l'Europe, dont il observe et voudrait diriger tous les mouvements. Il a su la garrotter par des traités, des jalousies et des craintes qui la privent de spontanéité, d'expansion, d'initiative. Mais lui reste toujours libre, et maître de s'agrandir indéfiniment. Il prend les villes, les états ; il a dévoré l'Amérique, l'Afrique, l'Australie, les Indes ; il entame la Chine. Et personne ne lui demande compte de

Morus. Terminer ces prolégomènes, sans toucher de notre opinion personnelle à cette question célèbre, serait une discrétion vraiment inexplicable. Toutefois le cadre de cette publication ne se prête pas à une discussion approfondie, il ne peut admettre que des réflexions simples et brèves.

La communauté sociale est une idée ancienne, et les premières législations en offrent des applications remarquables. Dans nos sociétés modernes, les institutions les plus utiles, les plus conservatrices, les plus vigoureuses sont établies sur le principe de la vie commune. Ainsi, les armées, les maisons d'éducation publique, les hôpitaux, les prisons, les ordres religieux, etc. En général, partout où il faut une autorité robuste et absolue, pour soumettre une multitude à la même fonction, au même état, c'est le régime commu-

---

ses actes, ni raison de son droit. Rome se répandit autour d'elle par des envahissements concentriques, dont le rayon allait toujours croissant. La Grande-Bretagne s'est jetée d'abord sur des proies faciles et éloignées; elle a échelonné ses conquêtes à l'extrémité des plus longues distances. Puis, elle resserrera peu à peu le cercle de sa domination, à moins que l'Europe menacée ne se réveille et ne se lève contre ce géant à tête d'or, dont les pieds ne sont que d'argile.

nautaire qu'il convient d'adopter. Il est certain que ce régime, mieux que tout autre, économise et recueille les forces, en diminuant les résistances.

Mais il y a plusieurs observations à faire.

Les communautés établies ne vivent pas d'une vie sociale, indépendante et complète. Elles sont organes d'un corps principal, qui leur communique le mouvement et la sève;

Elles séparent les sexes et rejettent la famille. Cette mutilation simplifie admirablement leur mécanisme et leurs conditions d'harmonie; mais elle suppose une société enveloppante qui les nourrit et les perpétue;

Elles suppriment, à peu de chose près, la valeur et la liberté de l'individu, son droit d'initiative et de spontanéité. Ce qui peut éteindre l'émulation et le génie chez l'individu, et par suite comprimer le développement progressif de la masse;

La rigidité de leur constitution despotique résiste naturellement à toute innovation qui ne vient pas d'en haut.

Enfin, elles se conservent par une violente contrainte; et les 99/400 des hommes leur préfèrent les chances de la liberté la plus aventureuse.

Tout cela ne prouve pas que l'établissement de la communauté, sur une grande échelle, soit impossible. Cela prouve seulement qu'entre un système complet et les plans infiniment réduits des communautés existantes, il y a un abîme.

En fait, une communauté *nationale* et *volontaire* exigerait, pour subsister, le dévouement le plus héroïque, ou la plus haute raison. Cette forme, qui est le dernier terme de la perfectibilité sociale, ne paraît guère possible et sa durée concevable, qu'avec des fanatiques religieux, des chrétiens purs; ou bien chez un peuple de Socrates et de philosophes presque divins [1].

Dans le premier cas, le principe social est l'immolation du *moi humain*, le crucifiement de la chair et de ses convoitises, le mépris de tout ce qui ne mène pas au salut éternel. Le riche se fait pauvre, à l'exemple de Jésus-Christ, par dévoue-

---

[1] Le mot *fanatique* n'a pas ici l'acception odieuse qu'on lui donne vulgairement. Ce mot-là mérite une réhabilitation. Ce sont des fanatiques politiques ou religieux, qui ont changé le monde. Le fanatisme, c'est le génie du cœur, qui enfante les actions sublimes; chaque siècle a le sien.

ment pour ses frères qui lui sont égaux en origine, en rédemption et en destinée. Il se débarrasse de sa richesse comme d'une chaîne qui l'attache à la terre, et l'empêche de s'élever à cette angélique union de l'âme avec la vérité, qui est Dieu. Des hommes spiritualisés à ce point sont très aptes et très disposés à mettre toutes choses en commun ; puis, à exécuter le peu de travail nécessaire à la conservation d'une existence aussi mortifiée. Les chrétiens de la primitive église en donnèrent une magnifique preuve.

Dans le second cas, la passion n'est ni tuée, ni maudite, ni émancipée ou développée indéfiniment ; elle est réglée par une raison et une morale. L'égoïsme, l'orgueil et les avidités infinies du *moi* se soumettent à la justice. La vertu pour l'homme consiste à vivre suivant les lois de sa nature, à observer les rapports qui l'unissent à tous les êtres. Les sciences qui font connaître ces lois et ces rapports doivent être cultivées et perfectionnées. Il en est de même des arts, de l'industrie, de l'agriculture et du commerce, qui appliquent les données scientifiques à nos besoins, à nos usages ou à nos plaisirs. La religion sanctionne la morale, glorifie la science, et s'identifie avec elle ; cette alliance explique la foi et divinise l'intelligence humaine. Chacun est actionnaire social au même titre, parce que chacun travaille *librement* et de corps et d'esprit avec une égale perfection, ou du moins avec une égale ardeur.

Malheureusement ces deux hypothèses ne sont que brillantes; et la réalité les brise comme verre.

Un peuple de Socrates est encore une chimère.

La philosophie, la raison pure n'ont rien produit, à part des livres, qui puisse faire espérer l'avénement prochain de la communauté. La philosophie a été plus stérile que le christianisme; elle a manqué jusqu'à présent de vigueur créatrice, d'unité de principes, et d'une certaine discipline des intelligences.

D'un autre côté la vie ascétique des premiers chrétiens, cette vie suprêmement contemplative et sacrifiée, a bien pu réunir le petit nombre d'apôtres et d'adeptes d'une foi nouvelle; mais, elle ne pouvait constituer un état normal et constant; car elle appauvrit l'organisme, paralyse le développement de la nature sensuelle, débilite et immobilise la société politique, et compromet les destinées terrestres de l'humanité. Aussi, à mesure que le christianisme grandit, la faveur primitive diminue d'intensité en s'éloignant du foyer d'origine ; elle se refroidit au contact de la civilisation romaine, au milieu des affections et des soins de famille ; elle fléchit sous le poids des réactions passionnelles, et de mille servitudes de l'existence positive. Néanmoins, l'esprit de communauté ne fut pas perdu ; il éleva cette foule d'institutions religieuses et monastiques, véritables abstractions vivantes, qui ne sauraient servir de modèles, puisqu'elles sont édifiées sur la pauvreté, la continence et l'obéissance passive.

Que dire des doctrines matérialistes, qui prêchent la communauté en exaltant l'égoïsme et la fureur des jouissances ? Ces doctrines, considérées froidement, ont une tendance éminemment anti-communautaire. Elles détruisent le devoir, le dévouement, la morale et toute inspiration généreuse. Leur effet naturel, logique, est la dissolution des grandes masses sociales, le fractionnement des peuples en petites tribus. Aussi les matérialistes conséquents arrivent-ils à l'état sauvage ou à l'extrême tyrannie. Car, en l'absence de toute foi, de toute obligation divine ou de conscience, il n'y a qu'une tyrannie formidable qui puisse donner la cohésion et la forme à la poussière des individualités; qui puisse brider l'insatiabilité des appétits, forcer au travail et à la ration, et protéger la parfaite égalité de tous contre les séditieuses attaques de la liberté de chacun. Mais alors quelle garantie assez terrible exiger de ceux qui tiennent la manivelle du pouvoir, qui sont les dépositaires et les distributeurs de la fortune publique? Quelques uns pensent tourner la difficulté et faciliter la besogne en bestialisant la nature humaine. D'après cette théorie, l'homme n'est qu'une matière organisée pour la nutrition et la reproduction. Le libre arbitre, le génie, le progrès sont des superfétations dangereuses, autant que la science, les arts, l'industrie et le commerce. Chaque terre nourrit ses habitants, et deux ou trois métiers indispensables suffisent à leur entretien. La société prospère et multiplie comme un bétail précieux; elle se gouverne comme un essaim d'abeilles. Supposons que ces dégradantes absurdités se réalisent aujourd'hui sur un peuple, il faudrait l'enfermer hermétiquement, afin qu'il ne fût pas troublé et envahi par l'activité et la civilisation du dehors. Outre cette cause de décomposition, il y aurait encore les ambitions de conquête soulevées à l'étranger par le singulier spectacle d'une nation descendue à l'état de ruche, ou convertie en parc d'animaux à l'engrais.

Notre conclusion, c'est que la communauté chrétienne, philosophique ou matérialiste, n'est ni dans les mœurs, ni dans les aptitudes, ni dans les intérêts de ce siècle. On peut dire avec T. Morus, lorsqu'il parlait de l'établissement du système utopien :

> Je le souhaite plus que je ne l'espère.

Cependant, il serait téméraire d'affirmer que la communauté sociale est une idée absurde, et que sa réalisation est à jamais impossible. Cette loi divine et inviolable, par laquelle toutes les choses du monde sont gouvernées, nous est inconnue, aussi bien que la série des transformations séculaires qui affectent la nature humaine, et la conduisent lentement à ses mystérieuses destinées.

NOTICE BIBLIOGRAPHIQUE.

Thomas Morus écrivit l'Utopie en latin, depuis le commencement jusque vers la fin de l'année 1516. Il revenait alors de Flandre, où il avait exercé une mission diplomatique, en compagnie de Cuthbert Tunstall, chef de l'ambassade.

A cette époque de sa vie, Thomas Morus, âgé de 34 ans, était *syndic (vicecomes)* de la cité de Londres. Cette magistrature consistait à rendre la justice dans les causes civiles, à régler ou à défendre les priviléges de la cité.

Les bibliographes ne sont pas d'accord sur la date précise de la rédaction de l'Utopie. La date que nous adoptons ici est la même que Stapleton assigne (*Vita Thomæ Mori.*).

En outre, elle est clairement vérifiée par la lecture des premières lignes de l'ouvrage, et par la correspondance qui s'établit entre les savants au moment de son apparition.

Mais les *Actes de Rymer* ne laissent aucun doute à cet égard. Cette collection renferme, sous le titre *Pro intercursu Mercium*, des lettres-patentes données à Westminster, le 7 mai 1515, qui nomment *Cuthbert Tunstall, Thomas Morus*, écuyer, et trois autres Anglais, ambassadeurs en Flandre, avec plein pouvoir de conclure un traité de commerce entre Henri VIII, roi d'Angleterre, et Charles, prince de Castille.

Cuthbert Tunstall et *Knyght*, qui, plus tard, fut adjoint à cette ambassade, avaient en même temps mission spéciale de négocier la confirmation de la paix.

Il paraît que la députation anglaise fut très froidement reçue par le cabinet de Bruxelles, et qu'elle éprouva même certaine difficulté à entamer les négociations.

Quoi qu'il en soit, les conférences s'ouvrirent à *Bruges*, et furent interrompues presque aussitôt. Thomas Morus profita du loisir que lui laissait la suspension du congrès pour aller à Anvers.

C'est là probablement qu'il conçut l'idée et le plan de l'*Utopie*, en confia le secret à un petit nombre d'amis intimes, leur promettant de développer par écrit, à son retour en Angleterre, ce qu'il leur communiquait de vive voix, dans des conversations improvisées et fugitives. Du moins, il est naturel d'interpréter ainsi la fiction par laquelle Thomas Morus suppose que son livre est le simple récit d'un entretien qu'il eut à Anvers avec *Raphaël Hythlodée*, personnage entièrement imaginaire.

Les conférences diplomatiques furent enfin renouées, et le traité de commerce fut signé le 24 janvier 1516 à Bruxelles par les commissaires anglais.

C'est donc vers cette époque que Thomas Morus commença la rédaction de son Utopie, qui ne fut terminée que peu de temps avant le mois de novembre de la même année. Cela résulte suffisamment d'une lettre, datée du 1er novembre 1516, dans laquelle *Pierre Gilles* annonce à *Jérôme Busleiden* qu'il vient de recevoir le manuscrit de l'Utopie.

Les détails qui précèdent n'étaient pas inutiles; ils avaient pour but de déterminer un point douteux, quoique intéressant de bibliographie. Mais une considération d'une autre espèce en justifiait encore l'opportunité.

L'on sait que la moralité personnelle d'un homme, la trempe particulière de son génie, ne sont pas les seules causes qui modifient la nature et la forme de ses productions littéraires. La position de l'écrivain, son entourage, et divers autres agents externes, projettent sur ses œuvres des lueurs ou des ombres bien marquées.

En sorte qu'un livre est la *résultante* visible de toutes les forces individuelles et sociales qui sollicitent habituellement l'âme de l'écrivain.

Il n'était donc pas indifférent de rechercher avec exactitude les événements au milieu desquels l'Utopie fut composée, et la part que Thomas Morus prit à ces événements. Car il est possible de trouver dans cette connaissance, et l'origine même de l'ouvrage, et l'explication des sentiments et des principes que l'auteur y a déposés.

L'Utopie, n'étant encore que *manuscrit*, fut communiquée à plusieurs savants, qui la reçurent avec bonheur, comme une *primeur* littéraire de haute qualité. Pierre Gilles, ami de l'auteur, l'avait reçue directement de lui, quelque temps avant le 1er novembre 1516; il s'occupa bientôt après de la faire imprimer à Louvain, en ajoutant au texte original l'alphabet utopien, un fragment de la langue utopienne et des notes en marge. Cette édition, qui est certainement la première, parut vers la fin de décembre 1516, suivant Panzer et Brunet.

Henri Hallam, dans son histoire littéraire de l'Europe (xve, xvie et xviie siècles), affirme qu'une édition de l'Utopie avait paru à la fin de l'année 1515. Cette assertion nous semble inconciliable, soit avec les faits, soit avec les épîtres qui accompagnèrent l'apparition de cet ouvrage.

La deuxième édition est celle de Bâle, imprimée par Jean Froben, l'an 1518, 1 vol. in-4°. L'on y trouve les deux livres de l'Utopie, six épîtres latines, les *exercices* (progymnasmata) de Thomas Morus et de William Lelly, une pièce de vers grecs de Melanchton, adressée à Érasme, les épigrammes de Thomas Morus et d'Érasme, et des gravures en bois dont deux ont été faites sur les dessins d'Holbein. La bibliothèque de la ville de Bordeaux possède un exemplaire de cette édition, exemplaire qui a servi à rédiger cette traduction nouvelle.

L'*Utopie*, dès qu'elle fut publiée, obtint un succès prodigieux; elle excita comme un tumulte d'enthousiasme dans le monde des philosophes et des savants. Alors, le moyen âge tombait déjà en poussière; une aspiration immense se faisait de toutes parts vers un nouvel avenir ; des géants d'érudition et de travail entassaient volumes sur volumes pour combler l'abîme de dix siècles de ténèbres et frayer un chemin à la marche si longtemps arrêtée de l'antique civilisation. Tous ces hommes laborieux s'émurent et s'inclinèrent devant le génie, presque divin, qui leur avait révélé la république utopienne. Les uns admiraient la hardiesse, l'originalité et la profondeur de la conception, les autres louaient particulièrement la verve, la pureté et la spirituelle aisance du style.

Guillaume Budé, le patriarche de la science en France, trouvait dans l'*Utopie* la trace d'un esprit supérieur, une grâce infinie, un savoir large et consommé ; il n'hésite pas à placer l'auteur de ce livre au nombre des premières gloires littéraires de son temps et à lui consacrer un autel dans le temple des muses. L'Allemagne paya aussi son tribut; et une lettre de l'helléniste B. Rhénanus, à Bilibalb Pirckhémer, témoigne assez que le talent et le nom de Thomas Morus y étaient en grande estime.

Il devait en être ainsi à une époque où l'éloge récompensait, sans exception, toute espèce de travail d'intelligence; où la critique eût été absurde, parce qu'il fallait sortir au plus vite de la barbarie du passé, et que, pour cela, tous les efforts, tous les ouvriers étaient bons. Néanmoins, ces louanges, qui nous semblent aujourd'hui ridicules, n'étaient pas déplacées, en s'adressant à l'*Utopie ;* car ce livre, au commencement du xvie siècle, était une œuvre de génie et même de bon goût. Érasme, il est vrai, avait publié ses *Adages*, et Budé son traité de *Asse*, ouvrages étonnants qui éclairaient enfin la nuit de l'antiquité, et qui déployaient la plus vaste connaissance des littératures grecque et romaine. Mais il n'avait pas encore paru de création plus originale, plus brillante que celle de l'*Utopie*; l'on ne pouvait rien lire, ni de plus fortement pensé, ni de plus facilement écrit.

Thomas Morus était déjà connu des gens de lettres par de petites comédies, des dialogues, des épigrammes en latin et en grec, qui ne sont pas sans mérite. Son latin, plus vif et plus coulant que celui de Budé, ne le cède qu'à celui d'Érasme; sa phrase est parfois obscure et embarrassée; mais elle crépite çà et là de traits étincelants qui frappent l'attention et la réveillent.

Les principes exposés dans l'*Utopie* ne causèrent aucun ombrage aux pouvoirs politiques d'alors; il paraît, au contraire, que ce livre fut très bien accueilli du cardinal Wolsey et du roi Henri VIII, puisque le crédit et la fortune de son auteur ne firent qu'aller croissant. Au reste, Henri VIII ne pouvait guère s'offenser de l'accusation d'avarice appliquée au roi son père, ni de la satire du gouvernement français. Si Thomas Morus détruisait le clergé, la noblesse, la monarchie héréditaire et absolue, tout cela n'était aux yeux de ce prince qu'une ingénieuse hypothèse impossible à réaliser; d'ailleurs, le péril était trop éloigné pour avoir peur. Et puis, les questions théologiques absorbaient exclusivement les esprits; Luther était là, qui s'apprêtait à secouer l'Europe; or, la réforme religieuse était, en ce temps, plus à la portée des masses que la réforme sociale.

Le texte latin de l'*Utopie* fut réimprimé à Glascow (1750), 1 vol. in-8°. Raphe Robinson la traduisit en anglais, l'an 1551. L'évêque Burnet publia une nouvelle traduction anglaise, en 1682. Hallam donne la préférence à cette dernière : « On peut, dit-il, se croire dans Brobdingnag, en lisant l'*Utopie* dans la traduction de Burnet, tant il y a de ressemblance dans la veine de gaieté satirique et dans la facilité du style. »

En France, il y a eu jusqu'à présent trois traductions de l'*Utopie;* d'abord, celle de Jehan le Blond (Paris, 1550, 1 vol. in-8°); en second lieu, celle de Gueudeville, ci-devant bénédictin, et depuis calviniste (Leyde, 1715, et Amsterdam, 1730); enfin, celle de Th. Rousseau (Paris, 1789). Brunet, dans sa bibliographie, dit de Gueudeville, que sa traduction n'est ni élégante ni exacte, et que celle de Rousseau, si elle n'est pas mieux écrite, est au moins plus littérale. Gueudeville fait lui-même bon marché de sa traduction dans sa préface; voici ses paroles :

« On ne doit pas s'attendre ici à une traduction exacte,
« et qui ne fasse que rendre précisément le sens de l'au-
« teur. J'avertis d'avance que je ne me suis point arrêté à
« ce scrupule-là; j'ai souvent étendu l'idée; je lui ai
« donné le peu d'enjouement dont je suis capable. . . .

. . . .

« Je suis obligé d'avouer naturellement que l'*Utopie fran-*
« *çaise* m'a coûté beaucoup de peine et de travail. Soit
« l'affectation du latin qui, selon moi, n'est rien moins

« que cicéronien, soit mon ignorance, j'ai trouvé dans
« mon chemin des endroits qui m'ont tenu longtemps.
« Je me suis débarrassé de ces broussailles le mieux que
« j'ai pu; mais je n'oserais répondre que j'ai attrapé par-
« tout la pensée de mon auteur; je crains d'avoir quelque-
« fois deviné. »

L'*Utopie* a été aussi traduite en italien et en allemand.

Malheureusement, les traductions françaises de cet ouvrage sont extrêmement rares; elles n'existent que dans un petit nombre de bibliothèques privées, en sorte que le public ne connaît l'*Utopie* que de nom, ou par de courts extraits. Il est donc permis de croire qu'une traduction nouvelle n'est pas une superfluité.

Aussi bien, l'*Utopie*, trois cents ans après son apparition, n'est pas un livre usé; c'est un livre encore tout neuf au sein de notre civilisation. Envisagée comme système d'organisation sociale, c'est une mine féconde où semblent avoir puisé tous les réformateurs modernes.

DISCOURS

DU TRÈS EXCELLENT HOMME RAPHAEL HYTHLODÉE SUR LA MEILLEURE CONSTITUTION D'UNE RÉPUBLIQUE,

PAR

L'ILLUSTRE THOMAS MORUS, VICOMTE ET CITOYEN DE LONDRES, NOBLE VILLE D'ANGLETERRE.

LIVRE PREMIER.

L'invincible roi d'Angleterre Henri, huitième du nom, prince d'un génie rare et supérieur, eut, il n'y a pas longtemps, un démêlé de certaine importance avec le sérénissime Charles, prince de Castille. Je fus alors député orateur en Flandre, avec mission de traiter et arranger cette affaire (A).

(A) Voir les notes à la fin du volume.

J'avais pour compagnon et collègue l'incomparable Cuthbert Tunstall, à qui le roi avait confié les sceaux de l'archevêché de Canterbury, aux applaudissements de tous. Je ne dirai rien ici à sa louange. Ce n'est pas crainte qu'on accuse mon amitié de flatterie; mais sa doctrine et sa vertu sont au-dessus de mes éloges; et sa réputation est si brillante, que vanter son mérite, serait, comme dit le proverbe, *faire voir le soleil une lanterne à la main* (B).

Nous trouvâmes à Bruges, lieu fixé pour la conférence, les envoyés du prince Charles, tous personnages fort distingués. Le gouverneur de Bruges était le chef et la tête de cette députation (c); et George de Thamasia, prévôt de Mont-Cassel, en était la bouche et le cœur. Cet homme, qui doit son éloquence moins encore à l'art qu'à la nature, passait pour un des plus savants jurisconsultes en matières d'état; et sa capacité personnelle, jointe à une longue pratique des affaires, en faisaient un très habile diplomate.

Déjà le congrès avait tenu deux séances, et ne pouvait convenir sur plusieurs articles. Les envoyés d'Espagne prirent alors congé de nous pour aller à Bruxelles, consulter les volontés du prince. Moi, je profitai de ce loisir, et j'allai à Anvers (D).

Pendant mon séjour dans cette ville, je reçus beaucoup de monde; mais aucune liaison ne me fut plus agréable que celle de *Pierre Gilles*, Anversois d'une grande probité (E). Ce jeune homme, qui jouit d'une position honorable parmi ses concitoyens, en mérite une des plus élevées, par ses connaissances et sa moralité, car son érudition égale la bonté de son caractère. Son âme est ouverte à tous; mais il a pour ses amis tant de bienveillance, d'amour, de fidélité et de dévouement, qu'on pourrait le nommer, à juste titre, le parfait modèle de l'amitié. Modeste et sans fard, simple et prudent, il sait parler avec esprit, et sa plaisanterie n'est jamais une injure. Enfin, l'intimité qui s'établit entre nous fut si pleine d'agrément et de charme, qu'elle adoucit en moi le regret de ma patrie, de ma maison, de ma femme, de mes enfants, et calma les inquiétudes d'une absence de plus de quatre mois.

Un jour, j'étais allé à *Notre-Dame*, église très vénérée du peuple, et l'un de nos plus beaux chefs-d'œuvre d'architecture; et après avoir assisté à l'office divin, je me disposais à rentrer à l'hôtel, quand tout à coup je me trouve en face de *Pierre Gilles*, qui causait avec un étranger, déjà sur le déclin de l'âge. Le teint basané de l'inconnu, sa longue barbe, sa casaque tombant négligemment à demi, son air et son maintien annonçaient un patron de navire.

A peine Pierre m'aperçoit-il, qu'il s'approche, me salue, éloigne un peu son interlocuteur qui commençait une réponse, et me dit, en le désignant :

— « Vous voyez cet homme; eh! bien, j'allais le mener droit chez vous.

— « Mon ami, répondis-je, il eût été le bienvenu à cause de vous.

— « Et même à cause de lui, répliqua Pierre, si vous le connaissiez. Il n'y a pas sur terre un seul vivant qui puisse vous donner des détails aussi complets et aussi intéressants sur les hommes et sur les pays inconnus. Or, je sais que vous êtes excessivement curieux de ces sortes de nouvelles.

— « Je n'avais pas trop mal deviné, dis-je alors, car, au premier abord, j'ai pris cet inconnu pour un patron de navire.

— « Vous vous trompiez étrangement ; il a navigué, c'est vrai ; mais ce n'a pas été comme Palinure. Il a navigué comme Ulysse, voire même comme Platon. Écoutez son histoire :

« Raphaël Hythlodée (le premier de ces noms est celui de sa famille) connaît assez bien le latin, et possède le grec en perfection. L'étude de la philosophie, à laquelle il s'est exclusivement voué, lui a fait cultiver la langue d'Athènes, de préférence à celle de Rome. Aussi, sur des sujets quelque peu importants, ne vous citera-t-il que des passages de Sénèque et de Cicéron. Le Portugal est son pays.

Jeune encore, il abandonna son patrimoine à ses frères; et dévoré de la passion de courir le monde, il s'attacha à la personne et à la fortune d'*Améric Vespuce*. Il n'a pas quitté d'un instant ce grand navigateur, pendant les trois derniers des quatre voyages dont on lit partout aujourd'hui la relation. Mais il ne revint pas en Europe avec lui. Améric, cédant à ses vives instances, lui accorda de faire partie des *vingt-quatre* qui restèrent au fond de la *Nouvelle-Castille*. Il fut donc laissé sur ce rivage, suivant son désir; car notre homme ne craint pas la mort sur la terre étrangère; il tient peu à l'honneur de pourrir dans un tombeau; et souvent il répète cet apophthegme : « *Le cadavre sans sépulture a le ciel pour linceul; partout il y a un chemin pour aller à Dieu.* » Ce caractère aventureux pouvait lui devenir fatal, si la Providence divine ne l'eût protégé. Quoi qu'il en soit, après le départ de Vespuce, il parcourut avec cinq Castillans une foule de contrées, débarqua à Taprobane, comme par miracle; et de là parvint à Calicut, où il trouva des vaisseaux portugais qui le ramenèrent dans son pays, contre toute espérance. »

Dès que Pierre eut achevé ce récit, je lui rendis grâces de son obligeance et de son empressement à me faire jouir de l'entretien d'un homme aussi extraordinaire; puis j'abordai Raphaël, et après les saluts et compliments d'usage à une première entrevue, je le conduisis chez moi avec Pierre Gilles. Là, nous nous nous assîmes dans le jardin, sur un banc de gazon, et la conversation commença.

Raphaël me dit d'abord comment, après le départ de Vespuce, lui et ses compagnons, par leur douceur et leurs bons offices, s'attirèrent l'amitié des indigènes, et comment ils vécurent avec eux en paix et dans la meilleure intelligence. Il y eut même un prince, dont le pays et le nom m'échappent, qui leur accorda la protection la plus affectueuse. Sa libéralité leur fournissait barques et chariots, et tout ce qu'il fallait pour continuer leur voyage. Un guide fidèle avait ordre de les accompagner et de les présenter aux autres princes avec d'excellentes recommandations.

Après plusieurs jours de marche, ils découvrirent des bourgs, des villes assez bien administrées, des nations nombreuses, de puissants États.

Sous l'équateur, ajoutait Hythlodée, et de part et d'autre, dans l'espace compris par l'orbite du soleil, ils ne virent que de vastes solitudes éternellement dévorées par un ciel de feu. Là, tout les frappait d'horreur et d'épouvante. La terre en friche n'avait d'autres habitants que les bêtes les plus féroces, les reptiles les plus affreux ou des hommes plus sauvages que ces animaux. En s'éloignant de l'équateur, la nature s'adoucit peu à peu; la chaleur est moins brûlante, la terre se pare d'une riante verdure, les animaux sont moins farouches. Plus loin encore l'on découvre des peuples, des villes, des bourgs, où un commerce actif se fait par terre et par mer, non seulement dans l'intérieur et avec les frontières, mais entre des nations à grande distance.

Ces découvertes enflammaient l'ardeur de Raphaël et de ses compagnons. Et ce qui entretenait leur passion des voyages, c'est qu'ils étaient admis sans difficulté sur le premier navire en partance, quelle que fût sa destination.

Les premiers vaisseaux qu'ils aperçurent étaient plats, les voiles formées d'osiers entrelacés ou de feuilles de papyrus, et quelques unes en cuir. Ensuite ils trouvèrent des vaisseaux terminés en pointe, les voiles faites de chanvre; enfin des vaisseaux entièrement semblables aux nôtres, et d'habiles nautonniers connaissant assez bien le ciel et la mer, mais sans aucune idée de la boussole.

Ces bonnes gens furent ravis d'admiration et pénétrés de la plus vive reconnaissance, quand nos Castillans leur montrèrent une aiguille aimantée. Avant, ils ne se livraient à la mer qu'en tremblant, et encore n'osaient-ils naviguer que pendant l'été. Aujourd'hui, la boussole en main, ils bravent les vents et l'hiver avec plus de confiance que de sûreté; car, s'ils n'y prennent garde, cette belle invention, qui semblait devoir leur procurer tous les biens, pourrait devenir, par leur imprudence, une source de maux.

Je serais trop long si je rapportais ici tout ce que Raphaël a vu dans ses voyages. D'ailleurs, ce n'est pas le but de cet ouvrage. Peut-être compléterai-je son récit dans un autre livre, où je détaillerai principalement les mœurs, les coutumes et les sages institutions des peuples civilisés qu'il a visités.

Sur ces graves matières nous le pressions d'une foule de questions, et lui prenait plaisir à satisfaire notre curiosité. Nous ne lui demandions rien de ces monstres fameux qui ont déjà perdu le mérite de la nouveauté. Des Scylles, des Célènes, des Lestrigons mangeurs de peuples et autres harpies de même espèce, on en trouve presque partout. Ce qui est rare, c'est une société sainement et sagement organisée.

A vrai dire Raphaël remarqua chez ces nouveaux peuples des institutions aussi mauvaises que les nôtres; mais il y a observé aussi un grand nombre de lois capables d'éclairer, de régénérer les villes, nations et royaumes de la vieille Europe.

Toutes ces choses, je le répète, feront le sujet d'un autre ouvrage. Dans celui-ci, je rapporterai seulement ce que Raphaël nous raconta des mœurs et des institutions du peuple utopien. Auparavant, je veux apprendre au lecteur de quelle manière la conversation fut amenée sur ce terrain.

Raphaël acompagnait son récit des réflexions les plus profondes. Examinant chaque forme de gouvernement, il analysait avec une sagacité merveilleuse ce qu'il y a de bon et de vrai dans l'une, de mauvais et de faux dans l'autre. A l'entendre discuter si savamment les institutions et les mœurs des différents peuples, il semblait qu'il eût vécu toute sa vie dans les lieux où il n'avait fait que passer. Pierre ne put contenir son admiration :

— « En vérité, dit-il, mon cher Raphaël, je m'étonne que vous ne vous attachiez pas au service de quelque roi. Certes, il n'en est pas un qui ne trouvât en vous utilité et agrément. Vous charmeriez ses loisirs par votre connaissance universelle des lieux et des hommes, et une foule d'exemples que vous pourriez citer lui procurerait un enseignement solide et des conseils précieux. En même temps, vous feriez une brillante fortune pour vous et les vôtres. »

— « Je m'inquiète peu du sort des miens, reprit Hythlodée. Je crois avoir passablement rempli mon devoir envers eux. Les autres hommes n'abandonnent leurs biens que vieux et à l'agonie, et encore lâchent-ils en pleurant ce que leur main défaillante ne peut plus retenir. Moi, plein de santé et de jeunesse, j'ai tout donné à mes parents et à mes amis. Ils ne se plaindront pas, j'espère, de mon égoïsme; ils n'exigeront pas que pour les gorger d'or je me fasse esclave d'un roi. »

— « Entendons-nous, dit Pierre, mon intention n'est pas que vous serviez un prince en valet, mais en ministre. »

— « Les princes, mon ami, y mettent peu de différence ; et entre ces deux mots latins *servire* et *inservire*, ils ne voient qu'une syllabe de plus ou de moins.

— « Appelez la chose comme il vous plaira, répondit Pierre ; c'est le meilleur moyen d'être utile au public, aux individus, et de rendre votre condition plus heureuse.

— « Plus heureuse, dites-vous! et comment ce qui répugne à mon sentiment, à mon caractère ferait-il mon bonheur? Maintenant, je suis libre, je vis comme je veux, et je doute que beaucoup de ceux qui revêtent la pourpre puissent en dire autant. Assez de gens ambitionnent les faveurs du trône ; les rois ne s'apercevront pas du vide, si moi et deux ou trois de ma trempe manquons parmi les courtisans. »

Alors, je pris ainsi la parole :

— « Il est évident, Raphaël, que vous ne cherchez ni la fortune ni le pouvoir, et quant à moi, je n'ai pas moins d'admiration et d'estime pour un homme tel que vous que pour celui qui est à la tête d'un empire. Cependant, il me semble qu'il serait digne d'un esprit aussi généreux, aussi philosophe que le vôtre, d'appliquer tous ses talents à la direction des affaires publiques, dussiez-vous compromettre votre bien-être personnel ; or, le moyen de le faire avec le plus de fruit, c'est d'entrer dans le conseil de quelque grand prince ; car je suis sûr que votre bouche ne s'ouvrira jamais que pour l'honneur et pour la vérité. Vous le savez, le prince est la source d'où le bien et le mal se répandent comme un torrent sur le peuple ; et vous possédez tant de science et de talents, que, n'eussiez-vous pas l'habitude des affaires, vous seriez encore un excellent ministre sous le roi le plus ignorant.

— « Vous tombez dans une double erreur, cher Morus, répliqua Raphaël ; erreur de fait et de personne. Je suis loin d'avoir la capacité que vous m'attribuez ; et quand j'en aurais cent fois davantage, le sacrifice de mon repos serait inutile à la chose publique.

« D'abord les princes ne songent qu'à la

guerre (art qui m'est inconnu, et que je n'ai aucune envie de connaître). Ils négligent les arts bienfaisants de la paix. S'agit-il de conquérir de nouveaux royaumes, tout moyen leur est bon; le sacré et le profane, le crime et le sang ne les arrêtent pas. En revanche, ils s'occupent fort peu de bien administrer les états soumis à leur domination.

« Quant aux conseils des rois, voici à peu près leur composition :

« Les uns se taisent par ineptie, ils auraient eux-mêmes grand besoin d'être conseillé. D'autres sont capables, et le savent; mais ils partagent toujours l'avis du préopinant qui est le plus en faveur, et applaudissent avec transport aux plates sottises qu'il lui plaît de débiter; ces vils parasites n'ont qu'un seul but, c'est de gagner, par une basse et criminelle flatterie, la protection du premier favori. Les autres sont les esclaves de leur amour-propre, et n'écoutent que leur avis; ce qui n'est pas étonnant; car la nature inspire à chacun de caresser avec amour les produits de son invention. C'est ainsi que le corbeau sourit à sa couvée, et le singe à ses petits.

« Qu'arrive-t-il donc au sein de ces conseils, où règnent l'envie, la vanité et l'intérêt? Quelqu'un cherche-t-il à appuyer une opinion raisonnable sur l'histoire des temps passés, ou les usages des autres pays? tous les auditeurs en sont comme étourdis et renversés; leur amour-propre s'alarme, comme s'ils allaient perdre leur réputation de sagesse, et passer pour des imbéciles. Ils se creusent la cervelle, jusqu'à ce qu'ils aient trouvé un argument contradictoire, et si leur mémoire et leur logique sont en défaut, ils se retranchent dans ce lieu commun : « Nos pères ont pensé et fait ainsi; eh! plût à Dieu que nous égalions la sagesse de nos pères! » Puis, ils s'asseoient en se rengorgeant, comme s'ils venaient de prononcer un oracle. On dirait, à les entendre, que la société va périr, s'il se rencontre un homme plus sage que ses ancêtres. Cependant, nous restons froids, en laissant subsister les bonnes institutions qu'ils nous ont transmises;

et quand surgit une amélioration nouvelle, nous nous cramponnons à l'antiquité, pour ne pas suivre le progrès. J'ai vu presque partout de ces jugeurs moroses, absurdes et fiers. Cela m'arriva une fois en Angleterre...

— « Pardon, dis-je alors à Raphaël, vous auriez été en Angleterre?

— « Oui, j'y ai demeuré quelques mois, peu après la guerre civile des Anglais occidentaux contre le roi, guerre qui se termina par un affreux massacre des insurgés (F). Pendant ce temps, je contractai de grandes obligations envers le très révérend père *Jean Morton*, cardinal archevêque de Canterbury, et chancelier d'Angleterre (G).

« C'était un homme (je m'adresse seulement à vous, mon cher Pierre, car Morus n'a pas besoin de ces renseignements), c'était un homme encore plus vénérable par son caractère et sa vertu que par ses hautes dignités. Sa taille moyenne ne se courbait pas sous le poids de l'âge; son visage, sans être dur, imposait le respect; son abord était facile, en même temps sérieux et grave. Il prenait plaisir à éprouver les solliciteurs par des apostrophes quelquefois un peu rudes, quoique jamais offensantes ; et il était enchanté de trouver chez eux de la présence d'esprit et de vives saillies sans impertinence. Cette épreuve l'aidait à juger le mérite et à le placer suivant sa spécialité. Son langage était pur et énergique ; sa science du droit profonde, son jugement exquis, sa mémoire prodigieuse. Ces brillantes dispositions naturelles, il les avait encore développées par l'exercice et par l'étude. Le roi faisait grand cas de ses conseils et le regardait comme l'un des plus fermes soutiens de l'État. Transporté fort jeune du collége à la cour, mêlé toute sa vie aux événements les plus graves, ballotté sans relâche sur la mer orageuse de la fortune, il avait acquis, au milieu de périls toujours renaissants, une prudence consommée, une connaissance profonde des choses qui s'était, pour ainsi dire, identifiée avec lui.

« Le hasard me fit rencontrer un jour, à la table de ce prélat, un laïque réputé très savant légiste. Cet homme, je ne sais à quel propos, se mit à combler de louanges la justice rigoureuse exercée contre les voleurs. Il racontait avec complaisance comment on les pendait çà et là par vingtaine au même gibet. Néanmoins, ajoutait-il, voyez quelle fatalité ! à peine si deux ou trois de ces brigands échappent à la potence, et l'Angleterre en fourmille de toutes parts. »

« Je dis alors, avec la liberté de parole que j'avais chez le cardinal :

— « Cela n'a rien qui doive vous surprendre. Dans ce cas, la mort est une peine injuste et inutile; elle est trop cruelle pour punir le vol, trop faible pour l'empêcher. Le simple vol ne mérite pas la potence, et le plus horrible supplice n'empêchera pas de voler celui qui n'a que ce moyen de ne pas mourir de faim. En cela, la justice d'Angleterre et de bien d'autres pays ressemble à ces mauvais maîtres qui battent leurs écoliers plutôt que de les instruire. Vous faites souffrir aux voleurs des tourments affreux; ne vaudrait-il pas mieux assurer l'existence à tous les membres de la société, afin que personne ne se trouvât dans la nécessité de voler d'abord et de périr après?

— « La société y a pourvu, répliqua mon légiste; l'industrie, l'agriculture, offrent au peuple une foule de moyens d'existence; mais il y a des êtres qui préfèrent le crime au travail.

— « C'est là où je vous attendais, répondis-je. Je ne parlerai pas de ceux qui reviennent des guerres civiles ou étrangères, le corps mutilé de blessures. Cependant combien de soldats, à la bataille de Cornouailles ou à la campagne de France, perdirent un ou plusieurs membres au service du roi et de la patrie! Ces malheureux étaient devenus trop faibles pour exercer leur ancien métier, trop vieux pour en apprendre un nouveau. Mais laissons cela, les guerres ne se rallument qu'à de longs intervalles. Jetons les yeux sur ce qui se passe chaque jour autour de nous.

« La principale cause de la misère publique, c'est le nombre excessif des nobles, frelons oisifs qui se nourrissent de la sueur et du travail d'autrui, et qui font cultiver leurs terres, en rasant leurs fermiers jusqu'au vif, pour augmenter leurs revenus; ils ne connaissent pas d'autre économie. S'agit-il, au contraire, d'acheter un plaisir? ils sont prodigues jusqu'à la folie et la mendicité. Ce qui n'est pas moins funeste, c'est qu'ils traînent à leur suite des troupeaux de valets fainéants, sans état (h) et incapables de gagner leur vie.

« Ces valets tombent-ils malades ou bien leur maître vient-il à mourir, on les met à la porte; car on aime mieux les nourrir à ne rien faire que les nourrir malades, et souvent l'héritier du défunt n'est pas de suite en état d'entretenir la domesticité paternelle.

« Voilà des gens exposés à mourir de faim, s'ils n'ont pas le cœur de voler. Ont-ils en effet d'autres ressources? Tout en cherchant des places, ils usent leur santé et leurs habits; et quand ils deviennent pâles de maladie et couverts de haillons, les nobles en ont horreur et dédaignent leur service. Les paysans même ne veulent pas les employer. Ils savent qu'un homme élevé mollement dans l'oisiveté et les délices, habitué à porter le cimeterre et le bouclier, à regarder fièrement le voisinage et à mépriser tout le monde; ils savent qu'un tel homme est peu propre à manier la bêche et le hoyau, à travailler fidèlement, pour un mince salaire et une faible nourriture, au service d'un pauvre laboureur. »

« Là dessus mon antagoniste répondit :

— « C'est précisément cette classe d'hommes que l'État doit entretenir et multiplier avec le plus de soin. Il y a chez eux plus de courage et d'élévation dans l'âme que chez l'artisan et le laboureur. Ils sont plus grands et plus robustes; et partant, ils constituent la force d'une armée, quand il s'agit de livrer bataille.

— « Autant vaudrait dire, répliquai-je alors, qu'il faut, pour la gloire et le succès de vos armes, multiplier les voleurs. Car ces fainéants en sont une pépinière inépuisable. Et de fait, les voleurs ne sont pas les plus mauvais soldats, et les soldats ne sont pas les plus timides voleurs; il y a beaucoup d'analogie entre ces deux métiers. Malheureusement, cette plaie sociale n'est pas particulière à l'Angleterre; elle ronge presque toutes les nations.

« La France est infectée d'une peste bien plus désastreuse. Le sol y est entièrement couvert et comme assiégé par des troupes innombrables, enrégimentées et payées par l'État. Et cela en temps de paix, si l'on peut donner le nom de paix à des trêves d'un moment. Ce déplorable système est justifié par la même raison qui vous porte à entretenir des myriades de valets fainéants. Il a semblé à ces politiques peureux et chagrins que la sûreté de l'État exigeait une armée nombreuse, forte, constamment sous les armes, et composée de vétérans. Ils n'osent se fier aux conscrits. On dirait même qu'ils font la guerre pour apprendre l'exercice au soldat, et afin, comme a écrit *Salluste*, que dans cette grande boucherie humaine, son cœur ou sa main ne s'engourdissent pas au repos.

« La France apprend à ses dépens le danger de nourrir cette espèce d'animaux carnassiers. Cependant, elle n'avait qu'à jeter les yeux sur les Romains, les Carthaginois et une foule d'anciens peuples. Quels fruits ont-ils retirés de ces armées immenses et toujours debout? le ravage de leurs terres, la destruction de leurs cités, la ruine de leur empire. Encore, s'il avait servi aux Français d'exercer, pour ainsi dire, leurs soldats dès le berceau; mais, les vétérans de France ont eu affaire avec les conscrits d'Angleterre, et je ne sais s'ils peuvent se vanter d'avoir eu souvent le dessus. Je me tais sur ce chapitre ; j'aurais l'air de faire la cour à ceux qui m'écoutent.

« Revenons à vos valets soldats.

« Ils ont, dites-vous, plus de courage et d'élévation que les artisans et les laboureurs. Je ne crois pas, moi, qu'un valet fasse grand'-peur ni aux uns ni aux autres; excepté ceux dont la faiblesse du corps paralyse la vigueur de l'âme, et dont l'énergie est brisée par la misère. Les valets, ajoutez-vous, sont plus grands et plus robustes. Mais n'est-il pas dommage de voir des hommes forts et beaux (car les nobles choisissent les victimes de leur corruption), de les voir se consumer dans l'inaction, s'amollir dans des occupations de femmes, tandis qu'on pourrait les rendre laborieux et utiles, en leur donnant un métier honorable, et en les habituant à vivre du travail de leurs mains?

« De quelque manière que j'envisage la question, cette foule immense de gens oisifs me paraît inutile au pays, même dans l'hypothèse d'une guerre, que vous pourrez au reste éviter toutes les fois que vous le voudrez. Elle est, en outre, le fléau de la paix; et la paix vaut bien qu'on s'occupe d'elle autant que de la guerre.

« La noblesse et la valetaille ne sont pas les seules causes des brigandages qui vous désolent; il en est une autre exclusivement particulière à votre île.

— « Et quelle est-elle? dit le cardinal.

— « Les troupeaux innombrables de moutons qui couvrent aujourd'hui toute l'Angleterre. Ces bêtes si douces, si sobres partout ailleurs, sont chez vous tellement voraces et féroces, qu'elles mangent même les hommes, et dépeuplent les campagnes, les maisons et les villages.

« En effet, sur tous les points du royaume, où l'on recueille la laine la plus fine et la plus précieuse, accourent, pour se disputer le terrain, les nobles, les riches, et même de très saints abbés. Ces pauvres gens n'ont pas assez de leurs rentes, de leurs bénéfices, des revenus de leurs terres; ils ne sont pas contents de vivre au sein de l'oisiveté et des plaisirs, à charge au public et sans profit pour l'État. Ils enlèvent de vastes terrains à la culture, les convertissent en pâturages, abattent les maisons, les villages, et n'y laissent que le temple, pour servir d'étable à leurs moutons. Ils changent en déserts les lieux les plus habités et les mieux cultivés. Ils craignent sans doute qu'il n'y ait pas assez de parcs et de forêts, et que le sol ne manque aux animaux sauvages.

« Ainsi un avare affamé enferme des milliers d'arpents dans un même enclos ; et d'honnêtes cultivateurs sont chassés de leurs maisons, les uns par la fraude, les autres par la violence, les plus heureux par une suite de vexations et de tracasseries qui les forcent à vendre leurs propriétés. Et ces familles, plus nombreuses que riches (car l'agriculture a besoin de beaucoup de bras), émigrent à travers les campagnes, maris et femmes, veuves et orphelins, pères et mères avec de petits enfants. Les malheureux fuient en pleurant le toit qui les a vu naître, le sol qui les a nourris, et ils ne trouvent pas où se réfugier. Alors, ils vendent à vil prix ce qu'ils ont pu emporter de leurs effets, marchandise dont la valeur est déjà bien peu de chose. Cette faible ressource épuisée, que leur reste-t-il? Le vol, et puis la pendaison dans les formes.

« Aiment-ils mieux traîner leur misère en mendiant? on ne tarde pas à les jeter en prison comme vagabonds et gens sans aveu. Cependant, quel est leur crime? C'est de ne trouver personne qui veuille accepter leurs services, quoiqu'ils les offrent avec le plus vif empressement. Et d'ailleurs, comment les employer? Ils ne savent que travailler à la terre; il n'y a donc rien à faire pour eux, là où il n'y a plus ni semailles ni moissons. Un seul pâtre ou vacher suffit maintenant à faire brouter cette terre, dont la culture exigeait autrefois des centaines de bras.

« Un autre effet de ce fatal système, c'est une grande cherté de vivres, sur plusieurs points.

« Mais ce n'est pas tout. Depuis la multiplication des pâturages, une affreuse épizootie est venue tuer une immense quantité de moutons. Il semble que Dieu voulait punir l'avarice insatiable de vos accapareurs par cette hideuse mortalité, qu'il eût plus justement lancée sur leurs têtes. Alors, le prix des laines est monté si haut, que les plus pauvres des ouvriers drapiers ne peuvent pas maintenant en acheter. Et voilà encore une foule de gens sans ouvrage. Il est vrai que le nombre des moutons s'accroît rapidement tous les jours ; mais le prix n'en a pas baissé pour cela ; parce que si le commerce des laines n'est pas un monopole légal, il est en réalité concentré dans les mains de quelques riches accapareurs, que rien ne presse de vendre et qui ne vendent qu'à de gros bénéfices.

« Les autres espèces de bétail sont devenues d'une cherté proportionnelle par la même cause et par une cause plus puissante encore, car la propagation de ces animaux est complétement négligée depuis l'abolition des métairies, et la ruine de l'agriculture. Vos grands seigneurs ne soignent pas l'élévement du gros bétail comme celui de leurs moutons. Ils vont acheter au loin des bêtes maigres presque pour rien, les engraissent dans leurs prés et les revendent hors de prix.

« J'ai bien peur que l'Angleterre n'ait pas ressenti tous les effets de ces déplorables abus. Jusqu'à présent, les engraisseurs de bêtes n'ont causé la cherté que dans les lieux où ils vendent ; mais à force d'enlever le bétail là où ils l'achètent, sans lui donner le temps de multiplier, le nombre en diminuera insensiblement, et le pays finira par tomber dans une horrible disette. Ainsi, ce qui devait faire la richesse de votre île, en fera la misère, par l'avarice d'une poignée de misérables.

« Le malaise général oblige tout le monde à restreindre sa dépense et son domestique. Et ceux qu'on met à la porte, où vont-ils ? mendier ou voler, s'ils en ont le cœur.

« A ces causes de misère vient se joindre le luxe et ses folles dépenses. Valets, ouvriers, paysans, toutes les classes de la société déploient un luxe inouï de vêtements et de nourriture. Parlerai-je des lieux de prostitution, des honteux repaires d'ivrognerie et de débauche, de ces infâmes tripots, de tous ces jeux, cartes, dés, paume, palet, qui engloutissent l'argent de leurs habitués et les conduisent droit au vol pour réparer leurs pertes.

« Arrachez de votre île ces pestes publiques, ces germes de crime et de misère. Décrétez que vos nobles démolisseurs reconstruiront les métairies et les bourgs qu'ils ont renversés, ou céderont le terrain à ceux qui veulent rebâtir sur leurs ruines. Mettez un frein à l'avare égoïsme des riches; ôtez-leur le droit d'accaparement et de monopole. Qu'il n'y ait plus d'oisifs pour vous. Donnez à l'agriculture un large développement; créez des manufactures de laine et d'autres branches d'industrie, où vienne s'occuper utilement cette foule d'hommes dont la misère a fait jusqu'à présent des voleurs, des vagabonds ou des valets, ce qui est à peu près la même chose.

« Si vous ne portez remède aux maux que je vous signale, ne me vantez pas votre justice; c'est un mensonge féroce et stupide.

« Vous abandonnez des millions d'enfants aux ravages d'une éducation vicieuse et immorale. La corruption flétrit sous vos yeux ces jeunes plantes qui pouvaient fleurir pour la vertu, et vous les frappez de mort, quand devenus des hommes, ils commettent les crimes qui germaient, dès le berceau, dans leurs âmes. Que faites-vous donc? des voleurs, pour avoir le plaisir de les pendre. »

« Tandis que je parlais ainsi, mon adversaire se préparait à la réplique. Il se proposait de suivre la marche solennelle de ces disputeurs catégoriques qui répètent plutôt qu'ils ne répondent, et placent tout l'honneur d'une discussion dans des efforts de mémoire.

— « Vous avez très bien parlé, me dit-il, vous surtout qui êtes étranger, et qui ne pouvez connaître ces matières que par ouï-dire. Je vais vous donner de meilleurs renseignements. Voici l'ordre de mon discours : d'abord, je récapitulerai tout ce que vous avez dit ; ensuite, je relèverai les erreurs que vous a imposées l'ignorance des faits ; enfin, je réfuterai vos arguments, je les pulvériserai. Je commence donc, comme je l'ai promis. Vous avez, si je ne me trompe, énuméré quatre...

— « Je vous arrête là, interrompit brusquement le cardinal, l'exorde me fait craindre que le discours ne soit un peu long. Nous vous épargnerons aujourd'hui cette fatigue. Mais je ne vous tiens pas quitte de votre harangue ; gardez-nous-la tout entière pour la prochaine entrevue que vous aurez avec votre partie adverse. Je souhaite que le jour de demain vous ramène ici tous les deux, à moins que vous ou Raphaël ne soyez dans l'impossibilité de venir. En attendant, mon cher Raphaël, vous me feriez plaisir de m'apprendre pourquoi le vol ne mérite pas la mort, et quelle autre peine vous y substitueriez qui garantît plus puissamment la sûreté publique. Car, vous ne pensez pas que l'on doive tolérer le vol, et si la potence n'est pas aujourd'hui une barrière pour le brigandage, quelle terreur imprimerez-vous aux scélérats, quand ils auront la certitude de ne pas perdre la vie ? quelle sanction assez forte donnerez-vous à la loi ? Une peine plus douce ne serait-elle pas une prime d'encouragement au crime ?

— « Ma conviction intime, très éminent père, est qu'il y a de l'injustice à tuer un homme pour avoir pris de l'argent, puisque la société humaine ne peut pas être organisée de manière à garantir à chacun une égale portion de bien.

« On m'objectera, sans doute, que la société en frappant de mort venge la justice et les lois, et ne punit pas seulement une misérable soustraction d'argent. Je répondrai par cet axiome : *Summum jus, summa injuria*. « L'extrême droit est une extrême injustice. « La volonté du législateur n'est pas tellement infaillible et absolue, qu'il faille tirer le glaive pour la moindre infraction à ses décrets. La loi n'est pas tellement rigide et stoïque, qu'elle place au même niveau tous les délits et tous les crimes, et n'établisse aucune différence entre tuer un homme et le voler. Car, si l'équité n'est pas un vain mot, entre ces deux actions, il y a un abîme.

« Eh quoi ! Dieu a défendu le meurtre, et nous, nous tuons si facilement pour un vol de quelques pièces de monnaie !

« Quelqu'un dira peut-être : Dieu, par ce commandement, a ôté la puissance de mort à l'homme privé, et non au magistrat qui condamne en appliquant les lois de la société.

« Mais, s'il en est ainsi, qui empêche les hommes de faire d'autres lois également contraires aux préceptes divins, et de légaliser le viol, l'adultère et le parjure? Comment!... Dieu nous a défendu d'ôter la vie non seulement à notre prochain, mais encore à nous-mêmes; et nous pourrions légitimement convenir de nous entr'égorger, en vertu de quelques sentences juridiques! Et, cette convention atroce mettrait juges et bourreaux au dessus de la loi divine, leur donnant le droit d'envoyer à la mort ceux que le code pénal condamne à périr!

« Il suivrait de là cette conséquence monstrueuse, que la justice divine a besoin d'être légalisée et autorisée par la justice humaine; et que, dans tous les cas possibles, c'est à l'homme à déterminer quand il faut obéir, ou non, aux commandements de Dieu.

« La loi de Moïse elle-même, loi de terreur et de vengeance, faite pour des esclaves et des hommes abrutis, ne punissait pas de mort le simple vol. Gardons-nous de penser que sous la loi chrétienne, loi de grâce et de charité, où Dieu commande en père, nous ayons le droit d'être plus inhumains et de verser à tout propos le sang de notre frère.

« Tels sont les motifs qui me persuadent qu'il est injuste d'appliquer au voleur la même peine qu'au meurtrier. Peu de mots vous feront comprendre combien cette pénalité est absurde en elle-même, combien elle est dangereuse pour la sûreté publique.

« Le scélérat voit qu'il n'a pas moins à craindre en volant qu'en assassinant; alors, il tue celui qu'il n'aurait fait que dépouiller ; et il le tue dans sa propre sûreté. Car, il se débarrasse ainsi de son principal dénonciateur, et court la chance de mieux cacher son crime. Le bel effet de cette justice implacable ! en terrifiant le voleur par l'attente du gibet, elle en fait un assassin.

« Maintenant, j'arrive à la solution de ce

problème tant agité : *Quel est le meilleur système pénitentiaire?*

« A mon avis, le meilleur était beaucoup plus facile à trouver que le pire. D'abord, vous connaissez tous la pénalité adoptée par les Romains, ce peuple si avancé dans la science du gouvernement. Ils condamnaient les grands criminels à l'esclavage perpétuel, aux travaux forcés dans les carrières ou dans les mines. Ce mode de répression me paraît concilier la justice avec l'utilité publique. Cependant, pour vous dire là dessus ma façon de penser, je ne sache rien de comparable à ce que j'ai vu chez les *Polylérites*, nation dépendante de la Perse.

« Le pays des Polylérites est assez peuplé, et leurs institutions ne manquent pas de sagesse. A part le tribut annuel qu'ils payent au roi de Perse, ils jouissent de leur liberté et se gouvernent par leurs propres lois. Loin de la mer, entourés de montagnes, ils se contentent des productions d'un sol heureux et fertile ; rarement ils vont chez les autres, rarement les autres viennent chez eux. Fidèles aux principes et aux coutumes de leurs ancêtres, ils ne cherchent point à étendre leurs frontières, et n'ont rien à craindre du dehors. Leurs montagnes, et le tribut qu'ils payent annuellement au monarque, les mettent à l'abri d'une invasion. Ils vivent commodément, dans la paix et l'abondance, sans armée et sans noblesse, occupés de leur bonheur et peu soucieux d'une vaine renommée ; car leur nom est inconnu au reste de la terre, si ce n'est à leurs voisins.

« Lorsque chez ce peuple un individu est convaincu de larcin, on lui fait d'abord restituer l'objet volé au propriétaire et non au prince, comme cela se pratique ailleurs. Les Polylérites pensent que le vol ne détruit pas le droit de propriété. Si l'objet est dégradé ou perdu, on en prend la valeur sur les biens du coupable, et on laisse le reste à sa femme et à ses enfants. Lui, on le condamne aux travaux publics ; et si le vol n'est pas accompagné de circonstances aggravantes, on ne met le condamné ni au cachot ni aux fers; il travaille le corps libre et sans entraves.

« Pour forcer les paresseux et les mutins, on emploie les coups préférablement à la chaîne. Ceux qui remplissent bien leur devoir ne subissent aucun mauvais traitement. Le soir, on fait l'appel nominal des condamnés et on les enferme dans des cabanons où ils passent la nuit. Du reste, la seule peine qu'ils aient à souffrir, c'est la continuité du travail; car on leur fournit toutes les nécessités de la vie; comme ils travaillent pour la société, c'est la société qui les entretient.

« Les coutumes, à cet égard, varient suivant les localités. Dans certaines provinces, l'on affecte aux condamnés le produit des aumônes et des collectes; cette ressource, précaire par elle-même, est la plus féconde en réalité, à cause de l'humanité des habitants. Ailleurs, on destine à cet effet une portion des revenus publics ou bien une imposition particulière et personnelle.

« Il y a même des contrées où les condamnés

ne sont pas attachés aux travaux publics. Tout individu qui a besoin d'ouvriers ou de manœuvres vient les louer sur place pour la journée, moyennant un salaire qui est un peu moindre que celui d'un homme libre. La loi donne au maître le droit de battre les paresseux. De la sorte, les condamnés ne manquent jamais d'ouvrage; ils gagnent leurs vêtements et leur nourriture, et apportent chaque jour quelque chose au Trésor.

« On les reconnaît facilement à la couleur de leur habit, qui est la même pour tous et qui appartient exclusivement à eux seuls. Leur tête n'est pas rasée, excepté un peu au dessus des oreilles, dont une est mutilée. Leurs amis peuvent leur donner à boire, à manger, et un habit de couleur voulue. Mais un cadeau d'argent entraîne la mort de celui qui donne et de celui qui reçoit. Un homme libre ne peut, sous aucun prétexte, recevoir de l'argent d'un esclave (c'est ainsi qu'on nomme les condamnés). L'esclave ne peut toucher des armes; ces deux derniers crimes sont punis de mort.

«Chaque province marque ses esclaves d'un signe particulier et distinctif. Le faire disparaître est pour eux un crime capital, ainsi que franchir la frontière et parler avec les esclaves d'une autre province. Le simple projet de fuir n'est pas moins dangereux que la fuite elle-même. Pour avoir trempé dans un pareil complot l'esclave perd la vie, l'homme libre la liberté. Bien plus, la loi décerne des récompenses au dénonciateur; elle lui accorde de l'argent, s'il est libre; la liberté, s'il est esclave; l'impunité, s'il était complice, afin que le malfaiteur ne trouve pas plus de sûreté à persévérer dans un mauvais dessein qu'à s'en repentir.

«Telle est la pénalité du vol chez les Polylérites. Il est facile d'y apercevoir une grande humanité jointe à une grande utilité. Si la loi frappe, c'est pour tuer le crime en conservant l'homme. Elle traite le condamné avec tant de douceur et de raison, qu'elle le force à devenir honnête et à réparer, pendant le reste de sa vie, tout le mal qu'il avait fait à la société.

« Aussi est-il excessivement rare que les

condamnés reviennent à leurs anciennes habitudes. Les habitants n'en ont pas la moindre peur, et même ceux d'entre eux qui entreprennent quelque voyage choisissent leurs guides parmi ces esclaves, qu'ils changent d'une province à l'autre. En effet, qu'y a-t-il à craindre? La loi ôte à l'esclave la possibilité et jusqu'à la pensée du vol; ses mains sont désarmées; l'argent est pour lui la preuve d'un crime capital; s'il est pris, la mort est toute prête et la fuite impossible. Comment voulez-vous qu'un homme vêtu autrement que les autres puisse cacher sa fuite? Serait-ce en allant tout nu? Mais encore son oreille à demi-coupée le trahirait.

« Il est également impossible que les esclaves puissent ourdir un complot contre l'État. Afin d'assurer à la révolte quelque chance de succès, les meneurs auraient besoin de solliciter et d'entraîner dans leur parti les esclaves de plusieurs provinces. Or, la chose est impraticable. Une conspiration n'est pas facile à des gens qui, sous peine de mort, ne peuvent se réunir, se parler, donner ou rendre un salut. Oseraient-ils même confier leur projet à leurs camarades, qui connaissent le danger du silence et l'immense avantage de la dénonciation? D'un autre côté, tous ont l'espoir, en se montrant soumis et résignés, en donnant pour leur bonne conduite des garanties pour l'avenir, de recouvrer un jour la liberté; car il ne se passe pas d'année qu'un grand nombre d'esclaves, devenus excellents sujets, ne soient réhabilités et affranchis.

« Pourquoi, ajoutai-je alors, n'établirait-on pas en Angleterre une pénalité semblable? Cela vaudrait infiniment mieux que cette justice qui exalte si fort l'enthousiasme de mon savant antagoniste.

— « Un pareil état de choses, répondit celui-ci, ne pourra jamais s'établir en Angleterre sans entraîner la dissolution et la ruine de l'empire. »

« Puis il secoua la tête, se tordit la lèvre et se tut.

« Tous les assistants d'applaudir avec transport à cette magnifique sentence jusqu'au moment où le cardinal fit la réflexion suivante :

— « Nous ne sommes pas prophètes pour savoir, avant l'expérience, si la législation *polylérite* convient ou non à notre pays. Toutefois, il me semble qu'après le prononcé de l'arrêt de mort le prince pourrait ordonner un sursis, afin d'essayer ce nouveau système de répression, en abolissant en même temps les priviléges des lieux d'asile. Si l'essai produit de bons résultats, adoptons ce système; sinon, que les condamnés soient envoyés au supplice. Cette manière de procéder ne fait que suspendre le cours de la justice et n'offre aucun danger dans l'intervalle. J'irai même plus loin; je crois qu'il serait très utile de prendre des mesures également douces et sages pour réprimer et détruire le vagabondage. Nous avons entassé lois sur lois contre ce fléau, et le mal est aujourd'hui pire que jamais. »

« A peine le cardinal avait-il cessé de parler que les louanges les plus exagérées accueillirent les opinions appuyées par son éminence, qui n'avaient trouvé que mépris et dédain, quand seul je les avais soutenues. L'encens pleuvait particulièrement sur les idées du prélat touchant le vagabondage.

« Je ne sais s'il ne vaudrait pas mieux supprimer le reste de la conversation; des choses bien ridicules y furent dites. Néanmoins, je vais vous en faire part; ces choses n'étaient pas mauvaises, et elles se rattachent à mon sujet.

« Il y avait à table un de ces parasites qui font honneur et métier de singer le fou. Quant à celui-ci, la ressemblance était si parfaite qu'on la prenait aisément pour la réalité. Ses plaisanteries étaient si insipides et froides que le rire s'adressait plus souvent à sa personne qu'à ses bons mots. Cependant, il lui échappait de temps à autre quelques paroles assez raisonnables. Il ne faisait pas mentir le proverbe : « A force de dire des sottises, on finit par dire quelque chose de bon. »

« L'un des convives observa que moi j'avais pourvu au sort des voleurs et le cardinal à celui des vagabonds; mais qu'il y avait encore deux classes de malheureux dont la société devait assurer l'existence, parce qu'ils sont incapables de travailler pour vivre, savoir les *malades* et les *vieillards*.

— « Laissez-moi faire, dit le bouffon, j'ai là dessus un plan superbe. A vous parler franchement, j'ai grande envie de me délivrer du spectacle de ces misérables et de les cloîtrer loin de tous les yeux. Ils me fatiguent avec leurs pleurnicheries, leurs soupirs et leurs supplications lamentables, quoique cette musique lugubre n'ait jamais pu m'arracher un sou; car il m'arrive toujours de deux choses l'une: ou quand je peux donner, je ne le veux pas, ou quand je le veux, je ne le peux pas. Aussi à présent ils sont assez raisonnables; dès qu'ils me voient passer, ils se taisent pour ne pas perdre leur temps. Ils savent qu'il n'y a pas plus à attendre de moi que d'un prêtre. Voici donc l'arrêt que je porte :

« Tous les mendiants vieux et malades seront distribués et classés comme il suit : Les hommes entreront dans les couvents des bénédictins en qualité de *frères-lais;* les femmes seront faites religieuses. Tel est mon bon plaisir. »

« Le cardinal sourit à cette saillie, l'approuva comme idée plaisante, et les assistants, comme une parole sérieuse et grave. Elle mit surtout en belle humeur un frère théologien qui se trouvait là. Ce révérend frère déridant un peu sa face sombre et renfrognée, s'égaya avec beaucoup de malice sur le compte des prêtres et des moines, puis s'adressant au bouffon :

— « Vous n'avez pas anéanti la mendicité, si vous ne pourvoyez à la subsistance de nous autres frères mendiants. »

— « Monseigneur le cardinal y a parfaitement pourvu, répliqua celui-ci, quand il a dit qu'il fallait enfermer les vagabonds et les faire travailler. Or, les frères mendiants sont les premiers vagabonds du monde. »

« A cette violente sortie, tous les yeux se fixèrent sur le cardinal, qui ne parut pas formalisé; l'épigramme alors fut bruyamment applaudie.

Quant au révérend frère, il en demeura pétrifié. Le trait de satire qu'on venait de lui jeter au visage, alluma rapidement sa colère; et, rouge comme le feu, il se répandit en un torrent d'injures, traita le plaisant de fripon, calomniateur, bavard, enfant de damnation; assaisonnant tout cela des plus foudroyantes menaces de l'Écriture sainte.

« Alors, notre bouffon bouffonna sérieusement, et il avait beau jeu :

— « Ne nous fâchons pas, très cher frère. Il est écrit : *Dans votre patience, vous posséderez vos âmes.* »

« Le théologien reprit aussitôt, et voici ses propres expressions :

— « Je ne me fâche pas, coquin; ou au moins je ne pèche pas; car le psalmiste dit : *Mettez-vous en colère et ne péchez point.* »

« Le cardinal, dans une admonition pleine de douceur, engage le frère à modérer ses transports.

— « Non, monseigneur, s'écria-t-il, non, je ne puis me taire, je ne le dois pas. C'est un zèle divin qui me transporte, et les hommes de Dieu ont eu de ces saintes colères. D'où il est écrit : *Le zèle de ta maison me dévore.* Ne chante-t-on pas dans les églises : *Ceux qui se moquaient d'Élysée, pendant qu'il montait à la maison de Dieu, sentirent la colère du chauve.* La même punition frappera peut-être ce moqueur, ce bouffon, ce ribaud. »

— « Sans doute, dit le cardinal, votre intention est bonne. Mais, il me semble que vous agiriez plus sagement, sinon plus saintement, d'éviter de vous compromettre avec un fou dans une querelle ridicule. »

— « Monseigneur, ma conduite ne saurait être plus sage. Salomon, le plus sage des hommes, a dit : *Répondez au fou selon sa folie.* Eh! bien, c'est ce que je fais. Je lui montre l'abîme où il va se précipiter, s'il ne prend garde à lui. Ceux qui riaient d'Élysée étaient en grand nombre, et ils furent tous punis, pour s'être moqués d'un seul homme chauve. Quel sera donc le châtiment d'un seul homme qui tourne en ridicule un si grand nombre de frères, parmi lesquels il y a tant de chauves? Mais ce qui doit surtout le faire trembler, nous avons une bulle du pape, qui excommunie ceux qui se moquent de nous. »

« Le cardinal, voyant que cela n'en finirait pas, renvoya d'un signe le bouffon parasite, et tourna prudemment le sujet de la conversation. Bientôt après, il se leva de table, pour donner audience à ses vassaux, et congédia tous les convives.

« Cher Morus, je vous ai fatigué du récit d'une bien longue histoire. Vraiment, je serais confus de l'avoir autant prolongée, si je n'avais cédé à vos instances, et si l'attention que vous prêtiez à ces détails ne m'avait fait un devoir de n'en omettre aucun. Je pouvais abréger, mais j'ai voulu vous éclairer sur l'esprit et le caractère des convives. Tant que seul je développais mes idées, le mépris général accueillit mes paroles; et dès que le cardinal m'eut donné son assentiment, l'éloge remplaça le mépris. Leur courtisanerie allait jusqu'à trouver judicieux et sublimes les lazzi d'un bouffon, que le cardinal tolérait comme un badinage frivole.

« Pensez-vous maintenant que les gens de cour auraient en grande considération ma personne et mes conseils?

« Je répondis à Raphaël :

— « Votre narration m'a fait éprouver une jouissance bien vive. Elle réunissait l'intérêt et le charme à une sagesse profonde. En vous écoutant, je me croyais en Angleterre; car j'ai été élevé, enfant, dans le palais de ce bon cardinal, et son souvenir me ramenait aux premières années de ma vie. Je vous avais déjà donné mon amitié, mais tout le bien que vous avez dit à la mémoire du pieux archevêque vous rend encore plus cher à mon cœur. Du reste, je persiste dans mon opinion à votre égard, et je suis persuadé que vos conseils seraient d'une haute utilité publique, si vous vouliez surmonter l'horreur que vous inspirent les rois et les cours. N'est-ce pas un devoir pour vous, comme pour tout bon citoyen, de sacrifier à l'intérêt général des répugnances particulières ? Platon a dit : « *L'humanité sera heureuse un jour, quand les philosophes seront rois, ou quand les rois seront philosophes.* » Hélas ! que ce bonheur est loin de nous, si les philosophes ne daignent pas même assister les rois de leurs conseils. »

— « Vous calomniez les sages, me répliqua Raphaël ; ils ne sont pas assez égoïstes pour cacher la vérité ; plusieurs l'ont communiquée dans leurs écrits ; et si les maîtres du monde étaient préparés à recevoir la lumière, ils pourraient voir et comprendre. Malheureusement, un fatal bandeau les aveugle, le bandeau des préjugés et des faux principes, dont on les a pétris et infectés dès l'enfance. Platon n'ignorait pas cela ; il savait aussi que jamais les rois ne suivraient les conseils des philosophes, s'ils ne l'étaient pas eux-mêmes. Il en fit la triste expérience à la cour de Denys le Tyran.

« Supposons donc que je sois ministre d'un roi. Voici que je lui propose les décrets les plus salutaires ; je m'efforce d'arracher de son cœur et de son empire tous les germes du mal. Vous croyez qu'il ne me chassera pas de sa cour, ou ne m'abandonnera pas à la risée des courtisans?

« Supposons, par exemple, que je sois ministre du roi de France (1). Me voilà siégeant dans le Conseil, alors qu'au fond de son palais le monarque préside en personne les délibérations des plus sages politiques du royaume. Ces nobles et fortes têtes sont en grand travail pour trouver par quelles machinations et par quelles intrigues le roi leur maître conservera le Milanais, ramènera le royaume de Naples qui le fuit toujours, comment ensuite il détruira la république de Venise et soumettra toute l'Italie; comment enfin il réunira à sa couronne la Flandre, le Brabant, la Bourgogne entière, et les autres nations que son ambition a déjà envahies et conquises depuis longtemps.

« L'un propose de conclure avec les Vénitiens un traité qui durera autant qu'il n'y aura pas intérêt à le rompre. « Pour mieux dissiper leurs défiances, ajoute-t-il, donnons-leur communication des premiers mots de l'énigme; laissons même chez eux une partie du butin, nous la reprendrons facilement après l'exécution complète du projet. »

« L'autre conseille d'engager des Allemands; un troisième, d'amadouer les Suisses avec de l'argent. Celui-ci pense qu'il faut se rendre propice le dieu impérial, et lui sacrifier de l'or en expiation ; celui-là, qu'il est opportun d'entrer en arrangement avec le roi d'Aragon, et de lui abandonner comme un gage de paix le royaume de Navarre, qui ne lui appartient pas. Un autre veut leurrer le prince de Castille de l'espoir d'une alliance, et entretenir à sa cour des intelligences secrètes, en payant de grosses pensions à quelques grands seigneurs.

« Puis vient la question difficile et insoluble, la question d'Angleterre, véritable nœud gordien politique. Afin de parer à toutes les éventualités, on arrête les dispositions suivantes :

« Négocier avec cette puissance les conditions de paix, et resserrer plus étroitement les liens d'une union toujours chancelante ; lui donner publiquement le nom de meilleure amie de la France, et, au fond, s'en méfier comme de son plus dangereux ennemi.

« Tenir les Écossais toujours en haleine, ainsi que des sentinelles d'avant-poste attentives à tout événement, et au premier symptôme de mouvement en Angleterre, les y lancer à l'instant comme une armée d'avantgarde (k).

« Entretenir secrètement (à cause des traités qui s'opposent à une protection ouverte) quelque grand personnage en exil, l'encourager à faire valoir des droits sur la couronne d'Angleterre, et, par là, mettre en échec le prince régnant dont on redoute les desseins (l).

« Alors, si au milieu de cette royale assemblée où s'agitent tant de vastes intérêts, en présence de ces profonds politiques concluant tous à la guerre, si moi, homme de rien, je me levais pour renverser leurs combinaisons et leurs calculs, si je disais :

— « Laissons en repos l'Italie, et restons en

France ; la France est déjà trop grande pour être bien administrée par un seul homme, le roi ne doit pas songer à l'agrandir. Écoutez, messeigneurs, ce qui arriva chez les *Achoriens*, dans une circonstance pareille, et le décret qu'ils rendirent à cette occasion :

« Cette nation, située vis-à-vis de l'île d'Utopie, sur les bords de l'*Euronston*, fit autrefois la guerre, parce que son roi prétendait à la succession d'un royaume voisin, en vertu d'une ancienne alliance. Le royaume voisin fut subjugué ; mais on ne tarda pas à reconnaître que la conservation de la conquête était plus difficile et plus onéreuse que la conquête elle-même.

« A tout moment, il fallait comprimer une révolte à l'intérieur, ou envoyer des troupes dans le pays conquis ; à tout moment, il fallait se battre pour ou contre les nouveaux sujets. Cependant l'armée était debout, les citoyens écrasés d'impôts ; l'argent s'en allait au dehors ; le sang coulait à flots, pour flatter la vanité d'un seul homme. Les courts instants de paix n'étaient pas moins désastreux que la guerre. La licence des camps avait jeté la corruption dans les mœurs ; le soldat rentrait dans ses foyers avec l'amour du pillage et l'audace de l'assassinat, fruit du meurtre sur les champs de bataille.

« Ces désordres, ce mépris général des lois venaient de ce que le prince partageant son attention et ses soins entre deux royaumes, ne pouvait bien administrer ni l'un ni l'autre. Les *Achoriens* voulurent mettre un terme à tant de maux ; ils se réunirent en conseil national, et offrirent poliment au monarque le choix entre les deux États, lui déclarant qu'il ne pouvait plus porter deux couronnes, et qu'il était absurde qu'un grand peuple fût gouverné par une moitié de roi, quand pas un individu ne voudrait d'un muletier qui serait en même temps au service d'un autre maître.

« Ce bon prince prit son parti ; il abandonna son nouveau royaume à l'un de ses amis, qui en fut chassé bientôt après, et il se contenta de son ancienne possession.

« Je reviens à ma supposition. Si j'allais plus loin encore ; si, m'adressant au monarque lui-même, je lui faisais voir que cette passion de guerroyer qui bouleverse les nations à cause de lui, après avoir épuisé ses finances, ruiné son peuple, pourrait avoir pour la France les conséquences les plus fatales ; si je lui disais :

« Sire, profitez de la paix qu'un heureux hasard vous donne ; cultivez le royaume de vos pères, faites-y fleurir le bonheur, la richesse et la force ; aimez vos sujets, et que leur amour fasse votre joie ; vivez en père au milieu d'eux, et ne commandez jamais en despote ; laissez là les autres royaumes, celui qui vous est échu en héritage est assez grand pour vous. »

« Dites-moi, cher Morus, de quelle humeur une telle harangue serait-elle accueillie ? »

— « De fort mauvaise humeur, répondis-je. »

— « Ce n'est pas tout, continua Raphaël ; nous avons passé en revue la politique extérieure des ministres de France ; c'était de la gloire qu'il fallait à leur maître, maintenant c'est de l'argent. Voyons un peu leurs principes de gouvernement et de justice (m).

« Celui-ci propose de hausser la valeur des monnaies, quand il s'agit de rembourser un emprunt, et d'en baisser le prix bien au dessous du pair, quand il s'agit de remplir le trésor. Par ce double expédient, le prince acquittera des dettes énormes, et avec peu de chose il récoltera une large moisson de finances.

« Celui-là conseille de simuler une guerre prochaine. Ce prétexte légitimera un nouvel impôt. Après la levée des subsides, le prince fera subitement la paix; il ordonnera que cet heureux événement soit célébré dans les temples par des actions de grâces et toute la pompe des cérémonies religieuses. La nation sera éblouie, et la reconnaissance publique élèvera jusqu'aux cieux les vertus d'un roi si humainement avare du sang de ses sujets.

« Un autre s'en va déterrer de vieilles lois rongées des vers et abrogées par le temps.

Comme tout le monde ignore leur existence, tout le monde les transgresse. En renouvelant donc les peines pécuniaires portées par ces lois, on se créerait une ressource lucrative, et même honorable, puisqu'on agirait au nom de la justice.

« Un autre pense qu'il n'y aurait pas moins d'avantage à lancer, sous de fortes amendes, une foule de prohibitions nouvelles, la plupart en faveur du peuple. Le roi, moyennant une somme considérable, délivrerait des dispenses à ceux dont les intérêts privés seraient compromis par ces prohibitions. De cette manière, il se verrait comblé des bénédictions du peuple, et ferait double recette en touchant à la fois l'argent des contrevenants et celui des privilégiés. Le meilleur de l'affaire, c'est que plus le prix des dispenses serait exorbitant, plus il en reviendrait à sa Majesté d'honneur et d'affection. Voyez, dirait-on, quelle violence ce bon prince fait à son cœur, puisqu'il vend si cher le droit de nuire à son peuple.

« Un autre enfin conseille au monarque de

s'attacher des juges, prêts à soutenir en toute occasion les droits de la couronne. Votre Majesté, ajoute-t-il, devrait les appeler à sa cour, et les amener par ses royales invitations à discuter devant elle ses propres affaires. Quelque mauvaise que soit une cause, il y aura toujours bien un juge qui la trouvera bonne, soit par manie de contradiction, soit par amour de la nouveauté et du paradoxe, soit pour plaire au souverain. Alors, une discussion s'élève, la multiplicité et le conflit des opinions embrouillent une chose très claire en elle-même, la vérité est mise en question. Votre Majesté saisit le moment, elle tranche la difficulté en interprétant le droit à son avantage. Les dissidents se rangent à son avis par honte ou par crainte, et le jugement est rendu dans les formes bravement et sans aucun scrupule. Les *considérants* manqueront-ils au juge qui prononce en faveur du prince? N'a-t-il pas le texte de la loi, la liberté d'interprétation, et ce qui est au-dessus des lois pour un juge religieux et fidèle, la *prérogative royale?*

« Écoutez les axiomes de la morale politique proclamés unanimement par les membres du noble conseil :

« Le roi qui nourrit une armée n'a jamais trop d'argent.

« Le roi ne peut mal faire, quand même il le voudrait.

« Il est le propriétaire universel et absolu des biens et personnes de tous ses sujets ; ceux-ci ne possèdent que sous son bon plaisir et comme usufruitiers.

« La pauvreté du peuple est le rempart de la monarchie.

« La richesse et la liberté conduisent à l'insubordination et au mépris de l'autorité ; l'homme libre et riche supporte impatiemment un gouvernement injuste et despotique.

« L'indigence et la misère dégradent les courages, abrutissent les âmes, les façonnent à la souffrance et à l'esclavage, et les compriment au point de leur ôter l'énergie nécessaire pour secouer le joug.

« Si je me levais encore, et si je parlais ainsi à ces puissants seigneurs :

— « Vos conseils sont infâmes, honteux pour le roi, funestes pour le peuple. L'honneur de votre maître et sa santé consistent dans les richesses de ses sujets, plutôt que dans les siennes propres. Les hommes ont fait des rois pour les hommes, et non pas pour les rois ; ils ont mis des chefs à leur tête pour vivre commodément à l'abri de la violence et de l'insulte ; le devoir le plus sacré du prince est de songer au bonheur du peuple avant de songer au sien ; comme un berger fidèle, il doit se dévouer pour son troupeau, et le mener dans les plus gras pâturages.

« Avancer que la misère publique est la meilleure sauve-garde de la monarchie, c'est avancer une erreur grossière et évidente ; où voit-on plus de querelles et de batteries que parmi les mendiants ?

« Quel est l'homme qui désire plus vivement une révolution ? N'est-ce pas celui dont l'existence actuelle est misérable ? Quel est l'homme qui aura le plus d'audace à bouleverser l'État? N'est-ce pas celui qui ne peut qu'y gagner, parce qu'il n'a rien à perdre?

« Un roi qui aurait soulevé la haine et le mépris des citoyens, et dont le gouvernement ne pourrait se maintenir que par la vexation, le pillage, la confiscation et la mendicité universelle, devrait descendre du trône et déposer le pouvoir suprême. En employant ces moyens tyranniques, peut-être conservera-t-il le nom de roi, mais il en perdra le courage et la majesté. La dignité royale ne consiste pas à régner sur des mendiants, mais sur des hommes riches et heureux. »

« Fabricius, cette grande âme, était pénétré de ce sentiment sublime, quand il répondit : « J'aime mieux commander à des riches, que de l'être moi-même. » Et de fait, nager dans les délices, se gorger de voluptés au milieu des douleurs et des gémissements d'un peuple, ce n'est pas garder un royaume, c'est garder une prison.

« Le médecin qui ne sait guérir les maladies

de ses clients qu'en leur donnant des maladies plus graves, passe pour ignare et imbécile ; avouez donc, ô vous qui ne savez gouverner qu'en enlevant aux citoyens la subsistance et les commodités de la vie, avouez que vous êtes indignes et incapables de commander à des hommes libres. Ou bien, corrigez votre ignorance, votre orgueil et votre paresse ; voilà ce qui excite à la haine et au mépris du souverain. Vivez de votre domaine, selon la justice ; proportionnez vos dépenses à vos revenus, arrêtez le torrent du vice, créez des institutions bienfaisantes qui préviennent le mal et l'étouffent dans son germe, au lieu de créer des supplices contre des malheureux qu'une législature absurde et barbare pousse au crime et à la mort.

« N'allez pas ressusciter des lois vermoulues tombées en désuétude et en oubli, et jeter ainsi à vos sujets des pierres d'achoppement et de scandale. N'élevez jamais le prix d'une faute à un taux que le juge flétrirait comme injuste et honteux entre simples particuliers. Ayez toujours devant les yeux cette belle coutume des *Macariens*.

« Chez cette nation voisine de l'Utopie, le jour où le roi prend possession de l'empire, il offre des sacrifices à la divinité, et s'engage par un serment sacré à n'avoir jamais dans ses coffres plus de mille livres d'or, ou la somme d'argent de valeur équivalente. Cet usage fut introduit par un prince qui avait plus à cœur de travailler à la prospérité de l'État, que d'accumuler des millions. Il voulut par là mettre un frein à l'avarice de ses successeurs, et les empêcher de s'enrichir en appauvrissant leurs sujets. Mille livres d'or lui parurent une somme suffisante en cas de guerre civile ou étrangère, mais trop faible pour s'emparer de la fortune de la nation. Ce fut principalement ce dernier motif qui le détermina à porter cette loi ; il avait encore deux autres buts : premièrement, tenir en réserve pour les temps de crise, la quantité d'argent nécessaire à la circulation et aux transactions journalières des citoyens ; secondement, limiter le chiffre de l'impôt et de la liste civile, afin que le prince n'employât pas l'excès de la mesure légale à semer la corruption et commettre l'injustice. Un roi comme celui-là est la terreur des méchants et l'amour des gens de bien.

« Mais, dites-moi, cher Morus, prêcher une pareille morale à des hommes qui par intérêt et par système inclinent à des principes diamétralement opposés, n'est pas conter une histoire à des sourds? »

— « Et à des sourds renforcés, répondis-je. Mais cela ne m'étonne pas, et à vous dire ma façon de penser, il est parfaitement inutile de donner des conseils, quand on a la certitude qu'ils seront repoussés et pour la forme et pour le fond. Or les ministres et les politiques du jour sont farcis d'erreurs et de préjugés; comment voulez-vous renverser brusquement leurs croyances, et leur faire entrer du premier coup, dans la tête et dans le cœur, la vérité et la justice? Cette philosophie scolastique est à sa place, dans un entretien familier entre amis;

elle est hors de propos, dans les conseils des rois, où se traitent de grandes choses avec une grande autorité, et en face du pouvoir suprême. »

— « C'est là ce que je vous disais tout à l'heure, repartit Raphaël ; la philosophie n'a pas accès à la cour des princes. »

— « Vous dites vrai, si vous parlez de cette philosophie de l'école, qui attaque de front et en aveugle les temps, les lieux et les personnes. Mais il est une philosophie moins sauvage ; celle-ci connaît son théâtre, et dans la pièce où elle doit jouer, elle remplit son rôle avec convenance et harmonie. Voilà celle que vous devez employer.

« Je suppose que pendant la représentation d'une comédie de *Plaute*, au moment où les esclaves sont en belle humeur, vous vous élanciez sur la scène en habit de philosophe, en déclamant ce passage d'*Octavie*, où *Sénèque* gourmande et moralise *Néron* ; je doute fort que vous soyez applaudi. Certainement, vous auriez mieux fait de vous borner à un rôle de personnage muet, que de donner au public ce drame tragi-comique. Ce monstrueux amalgame gâterait tout le spectacle, quand même votre citation vaudrait cent fois plus que la pièce. Un bon acteur met tout son talent dans ses rôles, quels qu'ils soient; et il ne trouble pas l'ensemble, parce qu'il lui prend fantaisie de débiter une tirade magnifique et pompeuse.

« Ainsi convient-il d'agir, quand on délibère sur les affaires de l'État, au sein d'un royal conseil. Si l'on ne peut pas déraciner de suite les maximes perverses, ni abolir les coutumes immorales, ce n'est pas une raison pour abandonner la chose publique. Le pilote ne quitte pas son navire, devant la tempête, parce qu'il ne peut maîtriser le vent.

« Vous parlez à des hommes imbus de principes contraires aux vôtres; quel cas feront-ils de vos paroles, si vous leur jetez brusquement à la tête la contradiction et le démenti? Suivez la route oblique, elle vous conduira plus sûrement au but. Sachez dire la vérité avec adresse et à propos; et si vos efforts ne peuvent servir à effectuer le bien, qu'ils servent du moins à diminuer l'intensité du mal; car, tout ne sera bon et parfait, que lorsque les hommes seront eux-mêmes bons et parfaits. Et avant cela, des siècles passeront. »

Raphaël répondit :

— « Savez-vous ce qui m'arriverait de procéder ainsi? c'est qu'en voulant guérir la folie des autres, je tomberais en démence avec eux. Je mentirais, si je parlais autrement que je ne vous ai parlé. Le mensonge est permis peut-être à certains philosophes, il n'est pas dans ma nature. Je sais que mon langage paraîtra dur et sévère aux conseillers des rois; néanmoins, je ne vois pas que sa nouveauté soit tellement étrange qu'elle frise l'absurde. Si je rapportais les théories de la république de Platon, ou les usages actuellement en vigueur chez les Utopiens, choses très excellentes et infiniment supérieures à nos idées et à nos mœurs, alors on pourrait croire que je viens d'un autre monde, parce qu'ici le droit de posséder en propre appartient à chacun, tandis que là tous les biens sont communs. Mais, qu'ai-je dit qu'il ne soit convenable et même nécessaire de publier? Ma morale montre le danger, elle en détourne l'homme raisonnable; elle ne blesse que l'insensé qui se jette à corps perdu dans l'abîme.

« Il y a lâcheté ou mauvaise honte à taire les vérités qui condamnent la perversité humaine, sous prétexte qu'elles seront bafouées comme des nouveautés absurdes, ou des chimères impraticables. Autrement, il faudrait jeter un voile sur l'Évangile, et dissimuler aux chrétiens la doctrine de Jésus. Mais Jésus défendait à ses apôtres le silence et le mystère; il leur répétait souvent : « *Ce que je vous dis à voix basse et à l'oreille, prêchez-le sur les toits hautement et à découvert.* » Or, la morale du Christ est bien plus opposée que nos discours aux coutumes de ce monde.

« Les *Prêcheurs*, hommes adroits, ont suivi la route oblique dont vous me parliez tout à l'heure; voyant qu'il répugnait aux hommes de conformer leurs mauvaises mœurs à la doctrine chrétienne, ils ont ployé l'Évangile comme une règle de plomb, pour la modeler sur les mauvaises mœurs des hommes. Où les a conduits cette habile manœuvre? à donner au vice le calme et la sécurité de la vertu.

« Et moi, je n'obtiendrais pas un résultat meilleur dans les conseils des princes; car, ou mon opinion est contraire à l'opinion générale, et alors elle est comme non avenue, ou elle coïncide avec l'avis de la majorité, et alors je *délire avec les fous*, suivant l'expression du *Micion* de Térence. Ainsi, je ne vois pas où conduit votre chemin de traverse. Vous dites : quand on ne peut pas atteindre la perfection, il faut au moins atténuer le mal. Mais ici, la dissimulation est impossible, et la connivence est un crime, puisqu'il s'agit d'approuver les conseils les plus exécrables, de voter des décrets plus dangereux que la peste; et que donner de malignes louanges à ces délibérations infâmes, serait le fait d'un espion et d'un traître.

« Il n'y a donc aucun moyen d'être utile à l'État, dans ces hautes régions. L'air qu'on y respire corrompt la vertu même. Les hommes qui vous entourent, loin de se corriger à vos leçons, vous dépravent par leur contact et l'influence de leur perversité ; et si vous conservez votre âme pure et incorruptible, vous servez de manteau à leur immoralité et à leur folie. Nul espoir donc de transformer le mal en bien, par votre route oblique et vos moyens indirects.

« C'est pourquoi le divin *Platon* invite les sages à s'éloigner de la direction des affaires publiques ; et il appuie son conseil de cette belle comparaison :

« Quand les sages voient la foule répandue dans les rues et sur les places, pendant une longue et forte pluie, ils crient à cette multitude insensée de rentrer au logis, pour se mettre à couvert. Et si leur voix n'est pas entendue, ils ne descendent pas dans la rue pour se mouiller inutilement avec tout le monde ; ils restent chez eux, et se contentent d'être seuls à l'abri, puisqu'ils ne peuvent guérir la folie des autres.

« Maintenant, cher Morus, je vais vous ouvrir le fond de mon âme, et vous dire mes pensées les plus intimes. Partout où la propriété est un droit individuel, où toutes choses se mesurent par l'argent, là on ne pourra jamais organiser la justice et la prospérité sociale, à moins que vous n'appeliez juste la société où ce qu'il y a de meilleur est le partage des plus méchants, et que vous n'estimiez parfaitement heureux l'Etat où la fortune publique se trouve la proie d'une poignée d'individus insatiables de jouissances, tandis que la masse est dévorée par la misère.

« Aussi, quand je compare les institutions utopiennes à celles des autres pays, je ne puis assez admirer la sagesse et l'humanité d'une part, et déplorer, de l'autre, la déraison et la barbarie.

« En Utopie, les lois sont en petit nombre; l'administration répand ses bienfaits sur toutes les classes de citoyens. Le mérite y reçoit sa récompense ; et en même temps, la richesse nationale est si également répartie, que chacun y jouit en abondance de toutes les commodités de la vie.

« Ailleurs, le principe du *tien* et du *mien*, consacré par une organisation dont le mécanisme est aussi compliqué que vicieux. Des milliers de lois, qui ne suffisent pas encore pour que tout individu puisse acquérir une propriété, la défendre, et la distinguer de la propriété d'autrui. A preuve, cette multitude de procès qui naissent tous les jours et ne finissent jamais.

« Lorsque je me livre à ces pensers, je rends pleine justice à Platon, et je ne m'étonne plus qu'il ait dédaigné de faire des lois pour les peuples qui repoussent la communauté des biens. Ce grand génie avait aisément prévu que le seul moyen d'organiser le bonheur public, c'était l'application du principe de l'*égalité*. Or, l'égalité est, je crois, impossible, dans un État où la possession est solitaire et absolue; car chacun s'y autorise de divers titres et droits pour attirer à soi autant qu'il peut, et la richesse nationale, quelque grande qu'elle soit, finit par tomber en la possession d'un petit nombre d'individus qui ne laissent aux autres qu'indigence et misère.

« Souvent même le sort du riche devrait écheoir au pauvre. N'y a-t-il pas des riches avares, immoraux, inutiles ? des pauvres simples, modestes, dont l'industrie et le travail profitent à l'État, sans bénéfices pour eux-mêmes ?

« Voilà ce qui me persuade invinciblement que l'unique moyen de distribuer les biens avec égalité, avec justice, et de constituer le bonheur du genre humain, c'est l'abolition de la propriété. Tant que le droit de propriété sera le fondement de l'édifice social, la classe la plus nombreuse et la plus estimable n'aura en partage que disette, tourments et désespoir.

« Je sais qu'il y a des remèdes qui peuvent soulager le mal ; mais ces remèdes sont impuissants pour le guérir. Par exemple :

« Décréter un *maximum* de possession individuelle en terre et en argent.

« Se prémunir par des lois fortes contre le despotisme et l'anarchie.

« Flétrir et châtier l'ambition et l'intrigue.

« Ne pas vendre les magistratures.

« Supprimer le faste et la représentation dans les emplois élevés, afin que le fonctionnaire, pour soutenir son rang, ne se livre pas à la fraude et à la rapine ; ou afin qu'on ne soit pas obligé de donner aux plus riches les charges que l'on devrait donner aux plus capables.

« Ces moyens, je le répète, sont d'excellents palliatifs qui peuvent endormir la douleur, étuver les plaies du corps social ; mais n'espérez pas lui rendre la force et la santé, tant que chacun possèdera solitairement et absolument son bien. Vous cautériserez un ulcère, et vous enflammerez tous les autres ; vous guérirez un malade, et vous tuerez un homme bien portant ; car, ce que vous ajoutez à l'*avoir* d'un individu, vous l'ôtez à celui de son voisin. »

Je dis alors à Raphaël :

— « Loin de partager vos convictions, je pense, au contraire, que le pays où l'on établirait la communauté des biens, serait le plus misérable de tous les pays. En effet, comment y fournir aux besoins de la consommation? Tout le monde y fuira le travail, et se reposera du soin de son existence sur l'industrie d'autrui. Et quand même la misère talonnerait les paresseux ; comme la loi n'y maintient pas inviolablement envers et contre tous la propriété de chacun, l'émeute gronderait sans cesse affamée et menaçante, et le massacre ensanglanterait votre république.

« Quelle barrière opposeriez-vous à l'anarchie? Vos magistrats n'ont qu'une autorité nominale ; ils sont mis à nu, dépouillés de ce qui impose la crainte et le respect. Je ne conçois pas même de gouvernement possible chez ce peuple de niveleurs, repoussant toute espèce de supériorité.

— « Je ne m'étonne pas que vous pensiez ainsi, répliqua Raphaël. Votre imagination ne se forme aucune idée d'une république semblable, ou ne s'en forme qu'une idée fausse. Si vous aviez été en Utopie, si vous aviez assisté au spectacle de ses institutions et de ses mœurs, comme moi qui ai passé là cinq années de ma vie, et qui n'ai pu me décider à en sortir que pour révéler ce nouveau monde à l'ancien ; vous avoueriez que nulle autre part il n'existe de société parfaitement organisée. »

Pierre Gilles dit alors, s'adressant à Raphaël :

— « Vous ne me persuaderez jamais qu'il y ait dans ce nouveau monde des peuples mieux constitués que dans celui-ci La nature ne produit pas chez nous des esprits d'une trempe inférieure. Nous avons en outre l'exemple d'une civilisation plus ancienne, et une foule de découvertes qu'un long temps a fait éclore soit pour les besoins, soit pour le luxe de la vie. Je ne parle pas des inventions enfantées par le hasard, et que le génie le plus subtil n'aurait pu imaginer.

— « La question d'antiquité, répondit Raphaël, vous la discuteriez plus savamment si vous aviez lu les histoires de ce nouveau monde. Or, d'après ces histoires, il y avait là-bas des villes avant qu'il y eût ici des hommes. Pour ce qui est des découvertes dues au génie ou au hasard, elles peuvent également surgir dans tous les continents. J'admets que nous ayons sur ces peuples la supériorité de l'intelligence ; en revanche, ils nous laissent bien loin derrière eux en activité et en industrie. Vous allez en avoir une preuve.

« Leurs annales témoignent qu'ils n'avaient jamais entendu parler de notre monde, avant notre arrivée ; seulement il y a environ douze cents ans, un navire poussé par la tempête échoua devant l'île d'Utopie. Le flot jeta sur le rivage des Égyptiens et des Romains, qui ne voulurent plus quitter ce pays qu'avec la vie. Les Utopiens tirèrent de cet événement un parti immense ; à l'école des naufragés, ils apprirent tout ce que ceux-ci connaissaient des sciences et des arts répandus dans l'empire romain. Plus tard, ces premiers germes se développèrent, et le peu que les Utopiens avaient appris leur fit trouver le reste. Ainsi, un seul point de contact avec l'ancien monde leur en communiqua l'industrie et le génie.

« Il est possible qu'avant ce naufrage, le même sort ait amené quelques uns des nôtres en Utopie ; mais le souvenir en est complétement effacé. Peut-être aussi la postérité oubliera-t-elle mon séjour dans cette île fortunée, séjour qui fut infiniment précieux pour les habitants, puisqu'ils s'approprièrent, par ce moyen, les plus belles inventions de l'Europe.

« Mais nous, que de siècles il nous faudra pour leur emprunter ce qu'il y a de parfait dans leurs institutions! Voilà ce qui leur donne la supériorité du bien-être matériel et social, quoique nous les égalions en intelligence et en richesse ; c'est cette activité d'esprit qu'ils dirigent sans cesse vers la recherche, le perfectionnement et l'application des choses utiles.

— « Eh! bien, dis-je à Raphaël, faites-nous

la description de cette île merveilleuse. Ne supprimez aucun détail, je vous en supplie. Décrivez-nous les champs, les fleuves, les villes, les hommes, les mœurs, les institutions, les lois, tout ce que vous pensez que nous désirons savoir, et, croyez-moi, ce désir embrasse tout ce que nous ignorons.

— « Très volontiers, répondit Raphaël ; ces choses sont toujours présentes à ma mémoire ; mais le récit en demande un long temps.

— « Dans ce cas, lui dis-je, allons dîner d'abord ; nous prendrons, après, tout le temps nécessaire.

— « Je le veux bien, ajouta Raphaël. »

Alors nous entrâmes dans la maison pour dîner, et après, nous revînmes au jardin nous asseoir sur le même banc. Je recommandai soigneusement aux domestiques d'éloigner les importuns, puis je joignis mes instances à celles de Pierre, afin que Raphaël nous tînt sa promesse. Lui, voyant notre curiosité avide et attentive, se recueillit un instant dans le silence et la méditation, et commença en ces termes.

DISCOURS

DE RAPHAEL HYTHLODÉE SUR LA MEILLEURE CONSTITUTION D'UNE RÉPUBLIQUE,

PAR

THOMAS MORUS, VICOMTE ET CITOYEN DE LONDRES.

LIVRE SECOND.

« L'île d'Utopie a deux cent mille *pas* dans sa plus grande largeur, située à la partie moyenne. Cette largeur se rétrécit graduellement et symétriquement du centre aux deux extrémités, en sorte que l'île entière s'arrondit en un demi-cercle de cinq cents *milles* de tour, et présente la forme d'un croissant, dont les cornes sont éloignées de onze mille *pas* environ.

« La mer comble cet immense bassin ; les terres adjacentes qui se développent en amphithéâtre y brisent la fureur des vents, y maintiennent le flot calme et paisible, et donnent à cette grande masse d'eau l'apparence d'un lac tranquille. Cette partie concave de l'île est comme un seul et vaste port accessible aux navires sur tous les points.

« L'entrée du golfe est dangereuse, à cause des bancs de sable d'un côté, et des écueils de l'autre. Au milieu s'élève un rocher visible de très loin, et qui pour cela n'offre aucun danger. Les Utopiens y ont bâti un fort, défendu par une bonne garnison. D'autres rochers, cachés sous l'eau, tendent des piéges inévitables aux navigateurs. Les habitants seuls connaissent les passages navigables, et c'est avec raison qu'on ne peut pénétrer dans ce détroit, sans avoir un pilote utopien à son bord. Encore cette précaution serait-elle insuffisante, si des phares échelonnés sur la côte n'indiquaient la route à suivre. La simple transposition de ces phares suffirait pour détruire la flotte la plus nombreuse, en lui donnant une fausse direction.

« A la partie opposée de l'île on trouve des ports fréquents, et l'art et la nature ont tellement fortifié les côtes, qu'une poignée d'hommes pourrait empêcher le débarquement d'une grande armée.

« S'il faut en croire des traditions, pleinement confirmées, du reste, par la configuration du pays, cette terre ne fut pas toujours une île. Elle s'appelait autrefois *Abraxa*, et tenait au continent ; *Utopus* s'en empara et lui donna son nom.

« Ce conquérant eut assez de génie pour humaniser une population grossière et sauvage, et pour en former un peuple qui surpasse aujourd'hui tous les autres en civilisation. Dès que la victoire l'eût rendu maître de ce pays, il fit couper un isthme de quinze mille *pas*, qui le joignait au continent ; et la terre d'*Abraxa* devint ainsi l'île d'*Utopie*. Utopus employa à l'achèvement de cet œuvre gigantesque les soldats de son armée aussi bien que les indigènes, afin que ceux-ci ne regardassent pas le travail imposé par le vainqueur comme une humiliation et un outrage. Des milliers de bras furent donc mis en mouvement, et le succès couronna bientôt l'entreprise. Les peuples voisins en furent frappés d'étonnement et de terreur, eux qui au commencement avaient traité cet ouvrage de vanité et de folie.

« L'île d'Utopie contient cinquante-quatre villes spacieuses et magnifiques. Le langage, les mœurs, les institutions, les lois y sont parfaitement identiques. Les cinquante-quatre villes sont bâties sur le même plan, et possèdent les mêmes établissements, les mêmes édifices publics, modifiés suivant les exigences des localités. La plus courte distance entre ces villes est de vingt-quatre *milles*, la plus longue est une journée de marche à pied.

« Tous les ans, trois vieillards expérimentés et capables sont nommés députés par chaque ville, et se rassemblent à *Amaurote*, afin d'y traiter les affaires du pays. *Amaurote* est la capitale de l'île; sa position centrale en fait le point de réunion le plus convenable pour tous les députés.

« Un *minimum* de vingt-mille pas de terrain est assigné à chaque ville pour la consommation et la culture. En général, l'étendue du territoire est proportionnelle à l'éloignement des villes. Ces heureuses cités ne cherchent pas à reculer les limites fixées par la loi. Les habitants se regardent comme les fermiers, plutôt que comme les propriétaires du sol.

« Il y a, au milieu des champs, des maisons commodément construites, garnies de toute espèce d'instruments d'agriculture, et qui servent d'habitations aux armées de travailleurs, que la ville envoie périodiquement à la campagne.

« La famille agricole se compose au moins de quarante individus, hommes et femmes, et de deux esclaves. Elle est sous la direction d'un père et d'une mère de famille, gens graves et prudents.

« Trente familles sont dirigées par un *philarque*.

« Chaque année, vingt cultivateurs de chaque famille retournent à la ville ; ce sont ceux qui ont fini leurs deux ans de service agricole. Ils sont remplacés par vingt individus qui n'ont pas encore servi. Les nouveaux venus reçoivent l'instruction de ceux qui ont déjà travaillé un an à la campagne, et l'année suivante, ils deviennent instructeurs à leur tour. Ainsi, les cultivateurs ne sont jamais tout à la fois ignorants et novices, et la subsistance publique n'a rien à craindre de l'impéritie des citoyens chargés de l'entretenir.

« Ce renouvellement annuel a encore un autre but, c'est de ne pas user trop longtemps la vie des citoyens dans des travaux matériels et pénibles. Cependant, quelques uns prennent naturellement goût à l'agriculture, et obtiennent l'autorisation de passer plusieurs années à la campagne.

« Les agriculteurs cultivent la terre, élèvent les bestiaux, amassent des bois, et transportent les approvisionnements à la ville voisine, par eau ou par terre. Ils ont un procédé extrêmement ingénieux pour se procurer une grande quantité de poulets : ils ne livrent pas aux poules le soin de couver leurs œufs ; mais ils les font éclore au moyen d'une chaleur artificielle convenablement tempérée. Et, quand le poulet a percé sa coque, c'est l'homme qui lui sert de mère, le conduit et sait le reconnaître. Ils élèvent peu de chevaux, et encore ce sont des chevaux ardents, destinés à la course et qui n'ont d'autre usage que d'exercer la jeunesse à l'équitation.

« Les bœufs sont employés exclusivement à la culture et au transport. Le bœuf, disent les Utopiens, n'a pas la vivacité du cheval ; mais il le surpasse en patience et en force ; il est sujet à moins de maladies, il coûte moins à nourrir, et quand il ne vaut plus rien au travail, il sert encore pour la table.

« Les Utopiens convertissent en pain les céréales ; ils boivent le suc du raisin, de la pomme, de la poire ; ils boivent aussi l'eau pure ou bouillie avec le miel et la réglisse qu'ils ont en abondance.

« La quantité de vivres nécessaire à la consommation de chaque ville et de son territoire est déterminée de la manière la plus précise. Néanmoins, les habitants ne laissent pas de semer du grain et d'élever du bétail, beaucoup au-delà de cette consommation. L'excédant est mis en réserve pour les pays voisins.

« Quant aux meubles, ustensiles de ménage, et autres objets qu'on ne peut se procurer à la campagne, les agriculteurs vont les chercher à la ville. Ils s'adressent aux magistrats urbains, qui les leur font délivrer sans échange ni retard. Tous les mois ils se réunissent pour célébrer une fête.

« Lorsque vient le temps de la moisson, les *philarques* des familles agricoles font savoir aux magistrats des villes combien de bras auxiliaires il faut leur envoyer ; des nuées de moissonneurs arrivent au moment convenu, et si le ciel est serein, la récolte est enlevée presque en un seul jour.

DES VILLES D'UTOPIE

ET PARTICULIÈREMENT DE LA VILLE D'AMAUROTE.

« Qui connaît une ville les connaît toutes, car toutes sont exactement semblables, autant que la nature du lieu le permet. Je pourrais donc vous décrire indifféremment la première venue ; mais je choisirai de préférence la ville d'Amaurote, parce qu'elle est le siége du gouvernement et du sénat, ce qui lui donne la prééminence sur toutes les autres. En outre, c'est la ville que je connais le mieux, puisque je l'ai habitée cinq années entières.

« *Amaurote* se déroule en pente douce sur le versant d'une colline. Sa forme est presque un carré. Sa largeur commence un peu au dessous du sommet de la colline, se prolonge deux mille *pas* environ sur les bords du fleuve *Anydre*, et augmente à mesure que l'on côtoie ce fleuve.

« La source de l'Anydre est peu abondante ;

elle est située à quatre-vingts *milles* au dessus d'Amaurote. Ce faible courant se grossit, dans sa marche, de la rencontre de plusieurs rivières, parmi lesquelles on en distingue deux de moyenne grandeur. Arrivé devant Amaurote, l'Anydre a cinq cents *pas* de large. A partir de là, il va toujours en s'élargissant, et se jette à la mer, après avoir parcouru une longueur de soixante *milles*.

« Dans tout l'espace compris entre la ville et la mer, et quelques *milles* au dessus de la ville, le flux et le reflux, qui durent six heures par jour, modifient singulièrement le cours du fleuve. A la marée montante, l'Océan remplit de ses flots le lit de l'Anydre sur une longueur de trente *milles*, et le refoule vers sa source. Alors, le flot salé communique son amertume au fleuve ; mais celui-ci se purifie peu à peu, apporte à la ville une eau douce et potable, et la ramène sans altération jusque près de son embouchure, quand la marée descend. Les deux rives de l'Anydre sont mises en rapport au moyen d'un pont de pierre, construit en arcades merveilleusement voûtées. Ce pont se trouve à l'extrémité de la ville la plus éloignée de la mer, afin que les navires puissent aborder à tous les points de la rade.

« Une autre rivière, petite, il est vrai, mais belle et tranquille, coule aussi dans l'enceinte d'Amaurote. Cette rivière jaillit à peu de distance de la ville, sur la montagne où celle-ci est placée, et, après l'avoir traversée par le milieu, elle vient marier ses eaux à celles de l'Anydre. Les Amaurotains en ont entouré la source de fortifications qui la joignent aux faubourgs. Ainsi, en cas de siége, l'ennemi ne pourrait ni empoisonner la rivière, ni en arrêter ou détourner le cours. Du point le plus élevé, se ramifient en tous sens des tuyaux de briques, qui conduisent l'eau dans les bas quartiers de la ville. Là où ce moyen est impraticable, de vastes citernes recueillent les eaux pluviales, pour les divers usages des habitants.

« Une ceinture de murailles hautes et larges enferme la ville, et, à des distances très rapprochées, s'élèvent des tours et des forts. Les remparts, sur trois côtés, sont entourés de fossés toujours à sec, mais larges, profonds, embarrassés de haies et de buissons. Le quatrième côté a pour fossé le fleuve lui-même.

« Les rues et les places sont convenablement disposées, soit pour le transport, soit pour abriter contre le vent. Les édifices sont bâtis confortablement ; ils brillent d'élégance et de propreté, et forment deux rangs continus, suivant toute la longueur des rues, dont la largeur est de vingt pieds.

« Derrière et entre les maisons se trouvent de vastes jardins. Chaque maison a une porte sur la rue et une porte sur le jardin. Ces deux portes s'ouvrent aisément d'un léger coup de main, et laissent entrer le premier venu.

« Les Utopiens appliquent en ceci le principe de la possession commune. Pour anéantir jusqu'à l'idée de la propriété individuelle et absolue, ils changent de maison tous les dix ans, et tirent au sort celle qui doit leur tomber en partage.

« Les habitants des villes soignent leurs jardins avec passion ; ils y cultivent la vigne, les fruits, les fleurs et toutes sortes de plantes. Ils mettent à cette culture tant de science et de goût, que je n'ai jamais vu ailleurs plus de fertilité et d'abondance réunies à un coup d'œil plus gracieux. Le plaisir n'est pas le seul mobile qui les excite au jardinage ; il y a émulation entre les différents quartiers de la ville, qui luttent à l'envi à qui aura le jardin le mieux cultivé. Vraiment, l'on ne peut rien concevoir de plus agréable ni de plus utile aux citoyens que cette occupation. Le fondateur de l'empire l'avait bien compris, car il appliqua tous ses efforts à tourner les esprits vers cette direction.

« Les Utopiens attribuent à Utopus le plan général de leurs cités. Ce grand législateur n'eut pas le temps d'achever les constructions et les embellissements qu'il avait projetés ; il fallait pour cela plusieurs générations. Aussi légua-t-il à la postérité le soin de continuer et de perfectionner son œuvre.

« On lit dans les annales utopiennes, conservées religieusement depuis la conquête de l'île, et qui embrassent l'histoire de dix-sept cent soixante années, on y lit qu'au commencement, les maisons, fort basses, n'étaient que des cabanes, des chaumières en bois, avec des murailles de boue et des toits de paille terminés en pointe. Les maisons aujourd'hui sont d'élégants édifices à trois étages, avec des murs extérieurs en pierre ou en brique, et des murs intérieurs en plâtras. Les toits sont plats, recouverts d'une matière broyée et incombustible, qui ne coûte rien, et préserve mieux que le plomb des injures du temps. Des fenêtres vitrées (on fait dans l'île un grand usage du verre) abritent contre le vent. Quelquefois on remplace le verre par un tissu d'une ténuité extrême, enduit d'ambre ou d'huile transparente, ce qui offre aussi l'avantage de laisser passer la lumière et d'arrêter le vent.

DES MAGISTRATS.

« Trente familles font, tous les ans, élection d'un magistrat, appelé *syphogrante* dans le vieux langage du pays, et *philarque* dans le moderne.

« Dix syphograntes et leurs trois cents familles obéissent à un *protophilarque*, anciennement nommé *tranibore*.

« Enfin, les syphograntes, au nombre de douze cents, après avoir fait serment de donner leurs voix au citoyen le plus moral et le plus capable, choisissent au scrutin secret, et proclament *prince*, l'un des quatre citoyens proposés par le peuple; car, la ville étant partagée en quatre sections, chaque quartier présente son élu au sénat.

« La principauté est à vie, à moins que le prince ne soit soupçonné d'aspirer à la tyrannie. Les tranibores sont nommés tous les ans, mais on ne les change pas sans de graves motifs. Les autres magistrats sont annuellement renouvelés.

« Tous les trois jours, plus souvent si le cas l'exige, les tranibores tiennent conseil avec le prince, pour délibérer sur les affaires du pays, et terminer au plus vite les procès qui s'élèvent entre particuliers, procès du reste excessivement rares. Deux syphograntes assistent à chacune des séances du sénat, et ces deux magistrats populaires changent à chaque séance.

« La loi veut que les motions d'intérêt général soient discutées dans le sénat trois jours avant d'aller aux voix et de convertir la proposition en décret.

« Se réunir hors le sénat et les assemblées du peuple pour délibérer sur les affaires publiques est un crime puni de mort.

« Ces institutions ont pour but d'empêcher le prince et les tranibores de conspirer ensemble contre la liberté, d'opprimer le peuple par des lois tyranniques, et de changer la forme du gouvernement. La constitution est tellement vigilante à cet égard, que les questions de haute importance sont déférées aux comices des syphograntes, qui en donnent communication à leurs familles. La chose est alors examinée en assemblée du peuple; puis, les syphograntes, après en avoir délibéré, transmettent au sénat leur avis et la volonté du peuple. Quelquefois même l'opinion de l'île entière est consultée.

« Parmi les règlements du sénat, le suivant mérite d'être signalé. Quand une proposition est faite, il est défendu de la discuter le même jour ; la discussion est renvoyée à la prochaine séance.

« De cette manière, personne n'est exposé à débiter étourdiment les premières choses qui lui viennent à l'esprit, et à défendre ensuite son opinion plutôt que le bien général; car n'arrive-t-il pas souvent qu'on recule devant la honte d'une rétractation et l'aveu d'une erreur irréfléchie? Alors, on sacrifie le salut public pour sauver sa réputation. Ce danger funeste de la précipitation a été prévenu, et les sénateurs ont suffisamment le temps de réfléchir.

DES ARTS ET MÉTIERS.

« Il est un art commun à tous les Utopiens, hommes et femmes, et dont personne n'a le droit de s'exempter, c'est l'*agriculture*. Les enfants l'apprennent en théorie dans les écoles, en pratique dans les campagnes voisines de la ville, où ils sont conduits en promenades récréatives. Là, ils voient travailler, ils travaillent eux-mêmes, et cet exercice a de plus l'avantage de développer leurs forces physiques.

« Outre l'agriculture, qui, je le répète, est un devoir imposé à tous, on enseigne à chacun une industrie particulière. Les uns tissent la laine ou le lin ; les autres sont maçons ou potiers ; d'autres travaillent le bois ou les métaux. Voilà les principaux métiers à mentionner.

« Les vêtements ont la même forme pour tous les habitants de l'île ; cette forme est invariable, elle distingue seulement l'homme de la femme, le célibat du mariage. Ces vêtements réunissent l'élégance à la commodité ; ils se prêtent à tous les mouvements du corps, le défendent contre les chaleurs de l'été et le froid de l'hiver. Chaque famille confectionne ses habits.

« Tous, hommes et femmes, sans exception, sont tenus d'apprendre un des métiers mentionnés ci-dessus. Les femmes, étant plus faibles, ne travaillent guère qu'à la laine et au lin ; les hommes sont chargés des états plus pénibles.

« En général, chacun est élevé dans la profession de ses parents, car la nature inspire d'habitude le goût de cette profession. Cependant, si quelqu'un se sent plus d'aptitude et d'attrait pour un autre état, il est admis par adoption dans l'une des familles qui l'exercent; et son père, ainsi que le magistrat, ont soin de le faire entrer au service d'un père de famille honnête et respectable.

« Si quelqu'un, ayant déjà un état, veut en apprendre un autre, il le peut aux conditions précédentes. On lui laisse la liberté d'exercer celui des deux qui lui convient le mieux, à moins que la ville ne lui en assigne un pour cause d'utilité publique.

« La fonction principale et presque unique des syphograntes est de veiller à ce que personne ne se livre à l'oisiveté et à la paresse et à ce que tout le monde exerce vaillamment son état. Il ne faut pas croire que les Utopiens s'attèlent au travail comme des bêtes de somme depuis le grand matin jusque bien avant dans la nuit. Cette vie abrutissante pour l'esprit et pour le corps serait pire que la torture et l'esclavage. Et cependant tel est partout ailleurs le triste sort de l'ouvrier !

« Les Utopiens divisent l'intervalle d'un jour et d'une nuit en vingt-quatre heures égales. Six heures sont employées aux travaux matériels ; en voici la distribution :

« Trois heures de travail avant midi, puis dîner. Après midi, deux heures de repos, trois heures de travail, puis souper.

« Ils comptent une heure où nous comptons midi, se couchent à 9 heures et en donnent 9 au sommeil.

« Le temps compris entre le travail, les repas et le sommeil, chacun est libre de l'employer à sa guise. Loin d'abuser de ces heures de loisir en s'abandonnant au luxe et à la paresse, ils se reposent en variant leurs occupations et leurs travaux. Ils peuvent le faire avec succès, grâce à cette institution vraiment admirable.

« Tous les matins, des cours publics sont ouverts avant le lever du soleil. Les seuls individus spécialement destinés aux lettres sont obligés de suivre ces cours; mais tout le monde a droit d'y assister, les femmes comme les hommes, quelles que soient leurs professions. Le peuple y accourt en foule; et chacun s'attache à la branche d'enseignement qui est le plus en rapport avec son industrie et ses goûts.

« Quelques uns, pendant les heures de liberté, se livrent de préférence à l'exercice de leur état. Ce sont les hommes dont l'esprit n'aime pas s'élever à des spéculations abstraites. Loin de les en empêcher, on les approuve, au contraire, de se rendre ainsi constamment utiles à leurs concitoyens.

« Le soir, après souper, les Utopiens passent une heure en divertissements : l'été dans les jardins, l'hiver dans les salles communes où ils prennent leurs repas. Ils font de la musique ou se distraient par la conversation. Il ne connaissent ni dés, ni cartes, ni aucun de ces jeux de hasard également sots et dangereux. Ils pratiquent cependant deux espèces de jeux qui ont beaucoup de rapport avec nos échecs ; le premier est la *bataille arithmétique*, dans laquelle le nombre pille le nombre ; l'autre est le *combat des vices et des vertus*. Ce dernier montre avec évidence l'anarchie des vices entre eux, la haine qui les divise, et néanmoins leur parfait accord, quand il s'agit d'attaquer les vertus. Il fait voir encore quels sont les vices opposés à chacune des vertus, comment ceux-ci attaquent celles-là par la violence et à découvert, ou par la ruse et des moyens détournés ; comment la vertu repousse les assauts du vice, le terrasse et anéantit ses efforts ; comment enfin la victoire se declare pour l'un ou l'autre parti.

« Ici, je m'attends à une objection sérieuse et j'ai hâte de la prévenir.

« On me dira peut-être : six heures de travail par jour ne suffisent pas aux besoins de la consommation publique, et l'Utopie doit être un pays très misérable.

« Il s'en faut bien qu'il en soit ainsi. Au contraire, les six heures de travail produisent abondamment toutes les nécessités et commodités de la vie, et en outre un superflu bien supérieur aux besoins de la consommation.

«Vous le comprendrez facilement, si vous réfléchissez au grand nombre de gens oisifs chez les autres nations. D'abord presque toutes les femmes, qui composent la moitié de la population, et la plupart des hommes, là où les femmes travaillent. Ensuite cette foule immense de prêtres et de religieux fainéants. Ajoutez-y tous ces riches propriétaires qu'on appelle vulgairement *nobles* et *seigneurs*; ajoutez-y encore leurs nuées de valets, autant de fripons en livrée; et ce déluge de mendiants robustes et valides qui cachent leur paresse sous de feintes infirmités. Et, en somme, vous trouverez que le nombre de ceux qui, par leur travail, fournissent aux besoins du genre humain, est bien moindre que vous ne l'imaginiez.

« Considérez aussi combien peu de ceux qui travaillent sont employés en choses vraiment nécessaires. Car, dans ce siècle d'argent, où l'argent est le dieu et la mesure universelle, une foule d'arts vains et frivoles s'exercent uniquement au service du luxe et du déréglement. Mais si la masse actuelle des travailleurs était répartie dans les diverses professions utiles, de manière à produire même avec abondance tout ce qu'exige la consommation, prix de la main-d'œuvre baisserait à un point que l'ouvrier ne pourrait plus vivre de son salaire.

« Supposez donc qu'on fasse travailler utilement ceux qui ne produisent que des objets de luxe et ceux qui ne produisent rien, tout en mangeant chacun le travail et la part de deux bons ouvriers; alors vous concevrez sans peine qu'ils auront plus de temps qu'il n'en faut pour fournir aux nécessités, aux commodités et même aux plaisirs de la vie, j'entends les plaisirs fondés sur la nature et la vérité.

« Or ce que j'avance est prouvé, en Utopie, par des faits. Là, dans toute l'étendue d'une ville et son territoire, à peine y a-t-il cinq cents individus, y compris les hommes et les femmes ayant l'âge et la force de travailler, qui en soient exemptés par la loi. De ce nombre sont les syphograntes; et cependant ces magistrats travaillent comme les autres citoyens pour les stimuler par leur exemple. Ce privilége s'étend aussi aux jeunes gens que le peuple destine aux sciences et aux lettres sur la recommandation des prêtres et d'après les suffrages secrets des syphograntes. Si l'un de ces élus trompe l'espérance publique, il est relancé dans la classe des ouvriers. Si, au contraire, et ce cas est fréquent, un ouvrier parvient à acquérir une instruction suffisante en consacrant ses heures de loisir à ses études intellectuelles, il est exempté du travail mécanique et on l'élève à la classe des *lettrés*.

« C'est parmi les *lettrés* qu'on choisit les ambassadeurs, les prêtres, les tranibores et le prince, appelé autrefois *barzame* et aujourd'hui *adème*. Le reste de la population, continuellement active, n'exerce que des professions utiles, et produit en peu de temps une masse considérable d'ouvrages parfaitement exécutés.

« Ce qui contribue encore à abréger le travail, c'est que tout étant bien établi et entretenu, il y a beaucoup moins à faire en Utopie que chez nous.

« Ailleurs, la construction et la réparation des bâtiments exigent des travaux continuels. La raison en est que le père, après avoir bâti à grands frais, laissera son bien à un fils négligent et dissipateur, sous lequel tout se détériore peu à peu ; en sorte que l'héritier de ce dernier ne peut entreprendre de réparations, sans faire des dépenses énormes. Souvent même il arrive qu'un *raffiné* de luxe dédaigne les constructions paternelles, et s'en va bâtir à plus grands frais encore sur un autre terrain, tandis que la maison de son père tombe en ruines.

« En Utopie, tout est si bien prévu et organisé, qu'il est très rare qu'on soit obligé d'y bâtir sur de nouveaux terrains. L'on répare à l'instant les dégradations présentes, l'on prévient même les dégradations imminentes. Ainsi, les bâtiments se conservent à peu de frais et de travail. La plupart du temps, les ouvriers restent chez eux pour dégrossir les matériaux, tailler le bois et la pierre. Quand il y a une construction à faire, les matériaux sont tout prêts et l'ouvrage est rapidement terminé.

« Vous allez voir comme il en coûte peu aux Utopiens pour se vêtir.

« Au travail, ils s'habillent de cuir ou de peau ; ce vêtement peut durer sept ans. En public, ils se couvrent d'une casaque ou *surtout* qui cache l'habit grossier du travail. La couleur de cette casaque est naturelle, elle est la même pour tous les habitants. De la sorte, ils usent beaucoup moins de drap que partout ailleurs, et ce drap leur revient moins cher. La toile est d'un usage très répandu, parce qu'elle exige moins de travail. Ils n'attachent de prix qu'à la blancheur de la toile, à la netteté et à la propreté du drap, sans considérer la finesse ou la délicatesse du filage. Un seul habit leur suffit d'ordinaire pendant deux ans; tandis qu'ailleurs, il faut à chacun quatre ou cinq habits de différentes couleurs, autant d'habits de soie, et aux plus élégants, au moins une dizaine. Les Utopiens n'ont aucune raison d'en rechercher un aussi grand nombre; ils n'en seraient ni plus commodément ni plus élégamment vêtus.

« Ainsi, tout le monde, en Utopie, est occupé à des arts et à des métiers réellement utiles. Le travail matériel y est de courte durée, et néanmoins ce travail produit l'abondance et le superflu. Quand il y a encombrement de produits, les travaux journaliers sont suspendus, et la population est portée en masse sur les chemins rompus ou dégradés. Faute d'ouvrage ordinaire et extraordinaire, un décret autorise une diminution sur la durée du travail, car le gouvernement ne cherche pas à fatiguer les citoyens par d'inutiles labeurs.

« Le but des institutions sociales en Utopie est de fournir d'abord aux besoins de la consommation publique et individuelle, puis de laisser à chacun le plus de temps possible pour s'affranchir de la servitude du corps, cultiver librement son esprit, développer ses facultés intellectuelles par l'étude des sciences et des lettres. C'est dans ce développement complet qu'ils font consister le vrai bonheur. »

DES RAPPORTS MUTUELS ENTRE LES CITOYENS.

« Je vais vous exposer maintenant les relations des citoyens entre eux, leur commerce, et la loi de distribution des choses nécessaires à la vie.

« La cité se compose de familles, la plupart unies par les liens de la parenté.

« Dès qu'une fille est nubile, on lui donne un mari, et elle va demeurer avec lui.

« Les mâles, fils et petits-fils, restent dans leurs familles. Le plus ancien membre d'une famille en est le chef, et si les années ont affaibli son intelligence, il est remplacé par celui qui approche le plus de son âge.

« Les dispositions suivantes maintiennent l'équilibre de la population, et l'empêchent de devenir trop rare en de certains points, trop dense en d'autres points.

« Chaque cité doit se composer de six mille familles. Chaque famille ne peut contenir que de dix à seize jeunes gens dans l'âge de la puberté. Le nombre des enfants impubères est illimité.

« Quand une famille s'accroît outre mesure, le trop plein est versé dans les familles moins nombreuses.

« Quand il y a dans une ville plus de monde qu'elle ne peut et qu'elle ne doit en contenir, l'excédant comble les vides des cités moins peuplées.

« Enfin, si l'île entière se trouvait surchargée d'habitants, une émigration générale serait décrétée. Les émigrants iraient fonder une colonie dans le plus proche continent, où les indigènes ont plus de terrain qu'ils n'en cultivent.

« La colonie se gouverne d'après les lois utopiennes, et appelle à soi les naturels qui veulent partager ses travaux et son genre de vie.

« Si les colons rencontrent un peuple qui accepte leurs institutions et leurs mœurs, ils forment avec eux une même communauté sociale, et cette union est profitable à tous. Car, en vivant tous ainsi à l'utopienne, ils font qu'une terre autrefois ingrate et stérile pour un peuple, devient productive et féconde pour deux peuples à la fois.

« Mais, si les colons rencontrent une nation qui repousse les lois de l'Utopie, ils chassent cette nation de l'étendue du pays qu'ils veulent coloniser, et, s'il le faut, ils emploient la force des armes. Dans leurs principes, la guerre la plus juste et la plus raisonnable est celle que l'on fait à un peuple qui possède d'immenses terrains en friche et qui les garde comme du vide et du néant, surtout quand ce peuple en interdit la possession et l'usage à ceux qui viennent y travailler et s'y nourrir, suivant le droit imprescriptible de la nature.

« S'il arrivait (ce cas s'est présenté deux fois, à la suite de pestes horribles), s'il arrivait que la population d'une cité diminuât à ce point qu'on ne pût la rétablir sans rompre l'équilibre et la constitution des autres parties de l'île, les colons rentreraient en Utopie. Nos insulaires laisseraient périr les colonies plutôt que de laisser décroître une seule ville de la mère-patrie.

« Je reviens aux relations mutuelles entre les citoyens.

« Le plus âgé, comme je l'ai dit, préside à la famille. Les femmes servent leurs maris; les enfants, leurs pères et mères ; les plus jeunes servent les plus anciens.

« La cité entière se partage en quatre quartiers égaux. Au centre de chaque quartier, se trouve le *marché* des choses nécessaires à la vie. L'on y apporte les différents produits du travail de toutes les familles. Ces produits, déposés d'abord dans des entrepôts, sont ensuite classés dans des magasins suivant leur espèce.

« Chaque père de famille va chercher au marché ce dont il a besoin pour lui et les siens. Il emporte ce qu'il demande, sans qu'on exige de lui ni argent, ni échange. On ne refuse jamais rien aux pères de famille. L'abondance étant extrême en toutes choses, on ne craint pas que quelqu'un demande au-delà de son besoin. En effet, pourquoi celui qui a la certitude de ne manquer jamais de rien, chercherait-il à posséder plus qu'il ne lui faut? ce qui rend les animaux en général cupides et rapaces, c'est la crainte des privations à venir. Chez l'homme en particulier, il existe une autre cause d'avarice, l'orgueil, qui le porte à surpasser ses égaux en opulence, et à les éblouir par l'étalage d'un riche superflu.

Mais les institutions utopiennes rendent ce vice impossible.

« Aux marchés dont je viens de parler sont joints des marchés de comestibles, où l'on apporte des légumes, des fruits, du pain, du poisson, de la volaille, et les parties mangeables des quadrupèdes.

« Hors de la ville il y a des boucheries où l'on abat les animaux destinés à la consommation; ces boucheries sont tenues propres au moyen de courants d'eau qui enlèvent le sang et les ordures. C'est de là qu'on apporte au marché la viande nettoyée et dépecée par les mains des esclaves ; car la loi interdit aux citoyens le métier de boucher, de peur que l'habitude du massacre ne détruise peu à peu le sentiment d'humanité, la plus noble affection du cœur de l'homme. Ces boucheries extérieures ont aussi pour but d'éviter aux citoyens un spectacle hideux, et de débarrasser la ville des saletés, immondices, et matières animales, dont la putréfaction pourrait engendrer des maladies.

« Dans chaque rue, de vastes hôtels sont disposés à égale distance, et se distinguent les uns des autres par des noms particuliers. C'est là qu'habitent les syphograntes; leurs trente familles sont logées des deux côtés, quinze à droite et quinze à gauche; elles vont à l'hôtel du syphogrante prendre leurs repas en commun.

« Les pourvoyeurs s'assemblent au marché à une heure fixe, et ils demandent une quantité de vivres proportionnelle au nombre des bouches qu'ils ont à nourir. L'on commence toujours par servir les malades, qui sont soignés dans des infirmeries publiques.

« Autour de la ville et un peu loin de ses murs, sont situés quatre hôpitaux tellement spacieux, qu'on pourrait les prendre pour quatre bourgs considérables. On évite ainsi l'entassement et l'encombrement des malades, inconvénients qui retardent leur guérison; de plus, quand un homme est frappé d'une maladie contagieuse, on peut l'isoler complétement. Ces hôpitaux contiennent abondamment tous les remèdes et toutes les choses nécessaires au rétablissement de la santé. Les malades y sont traités avec les soins affectueux et les plus assidus, sous la direction des plus habiles médecins. Personne n'est obligé d'y aller, cependant il n'est personne, en cas de maladie, qui n'aime mieux se faire traiter à l'hôpital que chez soi.

« Quand les pourvoyeurs des hospices ont reçu ce qu'ils demandaient, d'après les ordonnances des médecins, ce qu'il y a de meilleur au marché se distribue, sans distinction, entre tous les réfectoires, proportionnellement au nombre des mangeurs. On sert en même temps le prince, le pontife, les tranibores, les ambassadeurs, et les étrangers, s'il y en a, ce qui est très rare. Ces derniers à leur arrivée dans une ville, trouvent des logements destinés spécialement à eux, et garnis de toutes les choses dont ils peuvent avoir besoin.

« La trompette indique l'heure des repas ; alors la *syphograntie* entière se rend à l'hôtel pour y dîner ou pour y souper en commun, à l'exception des individus alités chez eux ou à l'hospice. Il est permis d'aller chercher des vivres au marché pour sa consommation particulière, après que les tables publiques ont été complétement pourvues. Mais les Utopiens n'usent jamais de ce droit, sans de graves motifs; et si chacun est libre de manger chez soi, personne ne trouve plaisir à le faire. Car c'est folie de se donner la peine d'apprêter un mauvais dîner, quand on peut en avoir un bien meilleur à quelques pas.

« Les esclaves sont chargés des travaux de cuisine les plus sales et les plus pénibles. Les femmes font cuire les aliments, assaisonnent les mets, servent et desservent la table. Elles se remplacent dans cet emploi famille par famille.

« On dresse trois tables, ou plus, suivant le nombre des convives. Les hommes sont assis du côté de la muraille; les femmes sont placées vis-à-vis, afin que s'il prenait à celles-ci une indisposition subite, ce qui arrive quelquefois aux femmes grosses, elles puissent sortir sans déranger personne, et se retirer dans l'appartement des nourrices.

« Les nourrices se tiennent à part, avec leurs nourrissons, dans des salles particulières où il y a toujours du feu, de l'eau propre et des berceaux ; en sorte qu'elles peuvent coucher leurs enfants, les démailloter et les faire jouer près du feu.

« Chaque mère allaite son enfant, hors le cas de mort ou de maladie. Dans ces deux cas, les femmes des syphograntes cherchent une nourrice au plus vite, et il ne leur est pas difficile d'en trouver. Les femmes, en état de rendre ce service, s'offrent d'elles-mêmes avec empressement. D'ailleurs, cette fonction est une des plus honorables, et l'enfant appartient à sa nourrice comme à sa mère.

« Dans la salle des nourrices sont aussi les enfants qui n'ont pas encore cinq ans accomplis. Les garçons et les filles, depuis l'âge de puberté jusqu'à celui du mariage, font le service de la table. Ceux qui sont plus jeunes et n'ont pas la force de servir, se tiennent debout et en silence ; ils mangent ce qui leur est présenté par ceux qui sont assis, et ils n'ont pas d'autre moment pour prendre leur repas.

« Le syphogrante et sa femme sont placés au milieu de la première table. Cette table occupe le haut bout de la salle, et de là on découvre d'un coup d'œil toute l'assemblée. Deux vieillards, choisis parmi les plus anciens et les plus respectables, siégent avec le syphogrante, et de même, tous les convives sont servis et mangent quatre par quatre; s'il y a un temple dans la syphograntie, le prêtre et sa femme remplacent les deux vieillards et président au repas.

« Des deux côtés de la salle sont rangés alternativement deux jeunes gens et deux individus plus âgés. Cette disposition rapproche les égaux et confond à la fois tous les âges; en outre elle remplit un but moral. Comme rien ne peut se dire ou se faire qui ne soit aperçu des voisins, alors la gravité de la vieillesse, le respect qu'elle imprime, retiennent la pétulance des jeunes gens et les empêchent de s'émanciper outre mesure en paroles et en gestes.

« La table du syphogrante est servie la première ; ensuite les autres, suivant leur position. Les meilleurs morceaux sont portés aux anciens des familles, qui occupent des places fixes et remarquables ; tous les autres sont servis avec une égalité parfaite. Ces bons vieillards n'ont pas assez de leurs portions pour en donner à tout le monde ; mais ils les partagent, à leur gré, avec leurs plus proches voisins. Ainsi l'on rend à la vieillesse l'honneur qui lui est dû, et cet hommage tourne au bien de tous.

« Les dîners et les soupers commencent par la lecture d'un livre de morale ; cette lecture est courte, pour qu'elle n'ennuie pas. Quand elle est finie, les plus âgés entament des conversations honnêtes, mais pleines d'enjouement et de gaieté. Loin de parler seuls et toujours, ils écoutent volontiers les jeunes gens ; ils provoquent même leurs saillies, afin d'apprécier la nature de leur caractère et de leur esprit, nature qui se trahit aisément dans la chaleur et la liberté du repas.

« Le dîner est court, le souper long; parce que le dîner est suivi du travail, tandis que, après le souper, viennent le sommeil et le repos de la nuit. Or les Utopiens croient que le sommeil vaut mieux que le travail pour une bonne digestion. Le souper ne se passe jamais sans musique et sans un dessert copieux et friand. Les parfums, les essences les plus odorantes, rien n'est épargné pour le bien-être et pour la jouissance des convives. Peut-être en ceci accusera-t-on les Utopiens d'un penchant excessif au plaisir? Ils ont pour principe que la volupté qui n'engendre aucun mal est parfaitement légitime.

« C'est ainsi que les Utopiens des villes vivent entre eux. Ceux qui travaillent à la campagne sont trop éloignés les uns des autres pour manger en commun; ils prennent leurs repas chez eux, en particulier. Au reste, les familles agricoles sont assurées d'une nourriture abondante et variée; rien ne leur manque : ne sont-elles pas les pourvoyeuses, les mères-nourricières des villes? »

DES VOYAGES DES UTOPIENS.

« Lorsqu'un citoyen désire aller voir un ami qui demeure dans une autre ville, ou veut simplement se donner le plaisir d'un voyage, les syphograntes et les tranibores consentent volontiers à son départ, s'il n'y a pas d'empêchement valable.

« Les voyageurs se réunissent pour partir ensemble; ils sont munis d'une lettre du prince qui certifie le congé et fixe le jour du retour. On leur fournit une voiture et un esclave qui soigne et conduit l'attelage. Mais d'habitude, à moins qu'ils n'aient des femmes avec eux, les voyageurs renvoient la voiture comme un embarras. Ils ne se pourvoient de rien pendant la route; car rien ne peut leur manquer, attendu qu'ils sont partout chez eux.

« Si un voyageur passe plus d'un jour en

quelque lieu, il y travaille de son état et reçoit le plus obligeant accueil des ouvriers de sa profession.

« Celui qui, de son propre mouvement, se permet de franchir les limites de sa province, est traité en criminel ; pris sans le congé du prince, il est ramené comme un déserteur et sévèrement puni. En cas de récidive, il perd la liberté.

« S'il prend envie à quelque citoyen de faire une excursion dans la campagne qui dépend de sa ville, il le peut avec le consentement de sa femme et de son père de famille. Mais il faut qu'il achète et paye sa nourriture en travaillant avant le dîner et le souper autant qu'on le fait dans les lieux où il s'arrête. Sous cette condition, tout individu a le droit de sortir de la ville et de parcourir le territoire adjacent, parce qu'il est aussi utile dehors que dedans.

« Vous voyez que, en Utopie, l'oisiveté et la paresse sont impossibles. On n'y voit ni tavernes, ni lieux de prostitution, ni occasions de débauche, ni repaires cachés, ni assemblées secrètes. Chacun, sans cesse exposé aux regards de tous, se trouve dans l'heureuse nécessité de travailler et de se reposer, suivant les lois et les coutumes du pays. L'abondance en toutes choses est le fruit de cette vie pure et active. Le bien-être se répand également sur tous les membres de cette admirable société ; la mendicité et la misère y sont des monstres inconnus.

« J'ai déjà dit que chaque ville d'Utopie envoyait trois députés au sénat d'Amaurote. Les premières séances du sénat sont consacrées à dresser la *statistique économique* des diverses parties de l'île. Dès qu'on a vérifié les points où il y a *trop* et les points où il n'y a pas *assez*, l'équilibre est rétabli en comblant les vides des cités malheureuses par la surabondance des cités plus favorisées. Cette compensation est gratuite. La ville qui donne ne reçoit rien en retour de la part de celle qu'elle oblige ; et réciproquement, elle reçoit gratuitement d'une autre ville à laquelle elle n'a rien donné.

«Ainsi la république utopienne toute entière est comme une seule et même famille.

« L'île est toujours approvisionnée pour deux ans, dans l'incertitude d'une bonne ou mauvaise récolte pour l'année suivante. On exporte à l'extérieur les denrées superflues, telles que blé, miel, laine, lin, bois, matières à teinture, peaux, cire, suif, animaux. La septième partie de ces marchandises est distribuée aux pauvres du pays où l'on exporte; le reste est vendu à un prix modéré. Ce commerce fait entrer en Utopie, non seulement des objets de nécessité, le fer, par exemple, mais encore une masse considérable d'or et d'argent.

« Depuis le temps que les Utopiens pratiquent ce négoce, ils ont accumulé une quantité incroyable de richesses. C'est pourquoi il leur est indifférent aujourd'hui de vendre au comptant ou à terme. Ordinairement ils prennent des billets en payement; mais ils ne se fient pas aux signatures individuelles. Ces billets doivent être revêtus des formes légales, et garantis sur la foi et le sceau de la ville qui les accepte. Le jour de l'échéance, la ville signataire exige le remboursement des particuliers débiteurs; l'argent est déposé dans le trésor public, et on le fait valoir jusqu'à ce que les créanciers utopiens le réclament.

« Ceux-ci ne réclament presque jamais le payement de la dette entière; ils croiraient commettre une injustice en ôtant à un autre une chose dont il a besoin, et qui leur est à eux inutile. Cependant il y a des cas où ils retirent toute la somme qui leur est due ; cela arrive quand ils veulent s'en servir pour prêter à une nation voisine, ou pour entreprendre une guerre. Dans ce dernier cas, ils ramassent toutes leurs richesses, pour s'en faire comme un rempart de métal, contre les dangers pressants et imprévus. Ces richesses sont destinées à engager et à solder copieusement des troupes étrangères; car le gouvernement d'Utopie aime mieux exposer à la mort les étrangers que les citoyens. Il sait aussi que l'ennemi le plus acharné se vend quelquefois, si le prix de la vente est à la hauteur de son avarice; il sait qu'en général l'argent est le nerf de la guerre, soit pour acheter des trahisons, soit pour combattre à force ouverte.

« A ces fins, les Utopiens ont toujours à leur disposition d'immenses trésors; mais loin de les conserver avec une espèce de culte religieux, comme font les autres peuples, ils les emploient à des usages que j'ose à peine vous faire connaître. Je crains fort de vous trouver incrédules, car, je vous avoue franchement que si je n'avais pas vu la chose, je ne la croirais pas sur parole. Cela est très naturel; plus les coutumes étrangères sont opposées aux nôtres, moins nous sommes disposés à y croire. Néanmoins, l'homme sage qui juge sainement, sachant que les Utopiens pensent et font tout le contraire des autres peuples, ne sera pas surpris qu'ils emploient l'or et l'argent tout différemment que nous.

« En Utopie, l'on ne se sert jamais d'espèces monnayées, dans les transactions mutuelles; on les réserve pour les événements critiques dont la réalisation est possible, quoique très incertaine. L'or et l'argent n'ont pas, en ce pays, plus de valeur que celle que la nature leur a donnée; l'on y estime ces deux métaux bien au dessous du fer, aussi nécessaire à l'homme que l'eau et le feu. En effet, l'or et l'argent n'ont aucune vertu, aucun usage, aucune propriété, dont la privation soit un inconvénient naturel et véritable. C'est la folie humaine qui a mis tant de prix à leur rareté. La nature, cette excellente mère, les a enfouis à de grandes profondeurs, comme des productions inutiles et vaines, tandis qu'elle expose à découvert l'air, l'eau, la terre, et tout ce qu'il y a de bon et de réellement utile.

« Les Utopiens ne renferment pas leurs trésors dans des tours, ou dans d'autres lieux fortifiés et inaccessibles; le vulgaire, par une folle malice, pourrait soupçonner le prince et le sénat de tromper le peuple, et de s'enrichir en pillant la fortune publique. L'on ne fabrique avec l'or et l'argent ni vases, ni ouvrages artistement travaillés. Car s'il fallait un jour les fondre, pour payer l'armée en cas de guerre, ceux qui auraient mis leur affection et leurs délices dans ces objets d'art et de luxe, éprouveraient en les perdant une amère douleur.

« Afin d'obvier à ces inconvénients, les Utopiens ont imaginé un usage parfaitement en harmonie avec le reste de leurs institutions, mais en complet désaccord avec celles de notre continent, où l'or est adoré comme un Dieu, recherché comme le souverain bien. Ils mangent et boivent dans de la vaisselle d'argile ou de verre, de forme élégante mais de minime valeur; l'or et l'argent sont destinés aux plus vils usages, soit dans les hôtels communs, soit dans les maisons particulières; on en fait même des vases de nuit. L'on en forge aussi des chaînes et des entraves pour les esclaves, et des marques d'opprobre pour les condamnés qui ont commis des crimes infâmes. Ces derniers ont des anneaux d'or aux doigts et aux oreilles, un collier d'or au cou, un frein d'or à la tête.

« Ainsi tout concourt à tenir l'or et l'argent en ignominie. Chez les autres peuples, la perte de la fortune est une souffrance aussi cruelle qu'un déchirement d'entrailles ; mais quand on enlèverait à la nation utopienne toutes ses immenses richesses, personne ne semblerait avoir perdu un sou.

« Les Utopiens recueillent des perles sur le bord de la mer ; des diamants et des pierres précieuses dans certains rochers. Sans aller à la recherche de ces objets rares, ils aiment à polir ceux que le hasard leur présente, afin d'en parer les petits enfants. Ces derniers sont d'abord tout fiers de porter ces ornements, mais à mesure qu'ils grandissent ils s'aperçoivent bientôt que ces frivolités ne conviennent qu'aux enfants les plus jeunes. Alors ils n'attendent pas l'avertissement paternel ; ils se débarrassent de cette parure d'eux-mêmes et par amour-propre. C'est ainsi que chez nous les enfants, en grandissant, délaissent peu à peu boules et poupées.

« Ces institutions, si différentes de celles des

autres peuples, gravent dans le cœur de l'Utopien des sentiments et des idées entièrement contraires aux nôtres. Je fus singulièrement frappé de cette différence à l'occasion d'une ambassade *anémolienne*.

« Les envoyés d'*Anémolie* vinrent à Amaurote pendant que j'y étais; et comme ils devaient traiter d'affaires de haute importance, le sénat s'était réuni dans la capitale et les y attendait. Jusqu'alors, les ambassadeurs des nations limitrophes, qui étaient venus en Utopie, y avaient mené le train le plus simple et le plus modeste, parce que les mœurs utopiennes leur étaient parfaitement connues. Ils savaient que le luxe de la parure n'était là d'aucune valeur, que la soie y était méprisée, et l'or une chose infâme.

« Mais les Anémoliens beaucoup plus éloignés de l'île, avaient eu fort peu de relations avec elle. Apprenant donc que les habitants y étaient vêtus d'une façon grossière et uniforme, ils se persuadèrent que cette extrême simplicité était causée par la misère. Et, plus vaniteux que sages, ils résolurent de se présenter avec une magnificence digne d'envoyés célestes, et de frapper les yeux de ces misérables insulaires par l'éclat d'un faste éblouissant.

« Les trois ministres, qui étaient de grands seigneurs en Anémolie, firent donc leur entrée suivis de cent personnes vêtues d'habits de soie de diverses couleurs. Les ambassadeurs eux-mêmes avaient un costume riche et somptueux; ils portaient un habit de drap d'or, des colliers et des boucles d'oreilles en or, des anneaux d'or aux doigts, et des garnitures à leurs chapeaux étincelantes de pierreries. Enfin, ils étaient couverts de ce qui fait en Utopie le supplice de l'esclave, la marque honteuse de l'infamie, le jouet du petit enfant.

« C'était chose plaisante à voir que l'orgueilleuse satisfaction des ambassadeurs et des gens de leur suite, comparant le luxe de leur parure à la mise simple et négligée du peuple utopien répandu en foule sur leur passage. D'un autre côté, il n'était pas moins curieux d'observer à l'attitude de la population, combien ces étrangers se trompaient dans leur attente, combien ils étaient loin d'exciter l'estime et les honneurs qu'ils s'étaient promis.

« A part un petit nombre d'Utopiens qui avaient voyagé à l'extérieur pour de graves motifs, tous les autres regardaient en pitié cet appareil somptueux ; ils saluaient les plus bas valets du cortége, les prenant pour les ambassadeurs, et laissaient passer les ambassadeurs sans y faire plus attention qu'à des valets ; car ils les voyaient chargés de chaînes d'or comme leurs esclaves.

« Les enfants, qui avaient déjà quitté les diamants et les perles, et qui les apercevaient aux chapeaux des ambassadeurs, poussaient leurs mères, en disant : — « Vois donc ce grand fripon qui porte encore des pierreries comme s'il était tout petit. » Et les mères de répondre sérieusement : — « Taisez-vous, mon fils, c'est, je pense, un des bouffons de l'ambassade. »

« Plusieurs critiquaient la forme de ces chaînes d'or : — « Elles sont, disaient-ils, beaucoup trop minces, on pourrait les briser facilement ; de plus, elles ne sont pas serrées assez étroitement, l'esclave s'en débarrasserait s'il voulait, et il pourrait s'enfuir. »

« Deux jours après leur entrée dans Amaurote, les ambassadeurs comprirent que les Utopiens méprisaient l'or autant qu'on l'honorait dans leur pays. Ils eurent occasion de remarquer sur le corps d'un esclave plus d'or et d'argent que n'en portait toute leur escorte. Alors ils rabattirent de leur fierté, et honteux de la mystification qu'ils avaient subie, ils dépouillèrent en hâte le faste qu'ils avaient si orgueilleusement déployé. Les relations les plus intimes qu'ils lièrent en Utopie, leur apprirent ensuite quels étaient les principes et les mœurs de ses habitants.

« Les Utopiens s'étonnent que des êtres raisonnables puissent se délecter de la lumière incertaine et douteuse d'une perle ou d'une pierre ; tandis que ces êtres peuvent jeter les yeux sur les astres et le soleil. Ils regardent comme fou celui qui se croit plus noble et plus estimable, parce qu'il est couvert d'une laine plus fine, laine coupée sur le dos d'un mouton, et que cet animal a portée le premier. Ils s'étonnent que l'or, inutile de sa nature, ait acquis une valeur factice tellement considérable, qu'il soit beaucoup plus estimé que l'homme; quoique l'homme seul lui ait donné cette valeur, et le fasse servir à ses usages, suivant son caprice.

« Ils s'étonnent aussi qu'un riche, à intelligence de plomb, stupide comme la bûche, également sot et immoral, tienne sous sa dépendance une foule d'hommes sages et vertueux, parce que la fortune lui a abandonné quelques piles d'écus. Cependant, disent-ils, la fortune peut le trahir; et la loi (qui aussi bien que la fortune précipite souvent du faîte dans la boue), peut lui arracher son argent et le faire passer aux mains du plus ignoble fripon de ses valets. Alors, ce même riche se trouvera très heureux de passer lui aussi, en compagnie de son argent et comme par dessus le marché, au service de son ancien valet.

« Il est une autre folie que les Utopiens détestent encore plus, et qu'ils conçoivent à peine ; c'est la folie de ceux qui rendent des honneurs presque divins à un homme, parce qu'il est *riche*, sans être néanmoins ni ses débiteurs ni ses obligés. Les insensés savent bien pourtant quelle est la sordide avarice de ces Crésus égoïstes ; ils savent bien qu'ils n'auront jamais un sou de tous leurs trésors.

« Nos insulaires puisent de pareils sentiments, partie dans l'étude des lettres, partie dans l'éducation qu'ils reçoivent au sein d'une république dont les institutions sont formellement opposées à tous nos genres d'extravagance. Il est vrai qu'un fort petit nombre est affranchi des travaux matériels, et se livre exclusivement à la culture de l'esprit. Ce sont, comme je l'ai déjà dit, ceux qui dès l'enfance ont manifesté un naturel heureux, un génie pénétrant, une vocation scientifique. Mais on ne laisse pas pour cela de donner une éducation libérale à tous les enfants ; et la grande masse des citoyens, hommes et femmes, consacrent chaque jour leurs moments de liberté et de repos à des travaux intellectuels.

« Les Utopiens apprennent les sciences dans leur propre langue. Cette langue est riche, harmonieuse, fidèle interprète de la pensée; elle est répandue, plus ou moins altérée, sur une vaste étendue du globe.

« Jamais avant notre arrivée les Utopiens n'avaient entendu parler de ces philosophes si fameux dans notre monde; cependant, ils ont fait à peu près les mêmes découvertes que nous, en musique, dialectique, arithmétique et géométrie. S'ils égalent presque en tout nos anciens, ils sont bien inférieurs aux dialecticiens modernes; car ils n'ont encore inventé aucune de ces règles subtiles de *restriction*, *amplification*, *supposition*, que l'on enseigne à la jeunesse dans les écoles de logique. Ils n'ont pas approfondi les *idées secondes*; et quant à l'homme *en général* ou *universel*, suivant le jargon métaphysique, ce colosse le plus immense des géants, que l'on nous fait voir ici, personne en Utopie n'a pu l'apercevoir encore.

« En revanche, ils connaissent d'une manière précise le cours des astres et les mouvements des corps célestes. Ils ont imaginé des machines qui représentent avec une grande exactitude les mouvements et les positions respectives du soleil, de la lune et des astres visibles au-dessus de leur horizon. Quant aux haines et aux amitiés des planètes et à toutes les impostures de la divination par le ciel, ils n'y songent pas même en rêve. Ils savent prédire, à des signes confirmés par une longue expérience, la pluie, le vent et les autres révolutions de l'air. Ils ne forment que des conjectures sur les causes de ces phénomènes, sur le flux et le reflux de la mer, sur la salaison de cet immense liquide, sur l'origine et la nature du ciel et du monde. Leurs systèmes coïncident en certains points avec ceux de nos anciens philosophes; en d'autres points ils s'en écartent; mais dans les nouvelles théories qu'ils ont imaginées il y a dissidence chez eux comme chez nous.

« En philosophie morale ils agitent les mêmes questions que nos docteurs. Ils cherchent dans l'âme de l'homme, dans son corps et dans les objets extérieurs, ce qui peut contribuer à sa félicité ; ils se demandent si le nom de *Bien* convient indifféremment à tous les éléments du bonheur matériel et intellectuel, ou seulement au développement des facultés de l'esprit. Ils dissertent sur la vertu et le plaisir ; mais la première et la principale de leurs controverses a pour objet de déterminer la condition unique, ou les conditions diverses du bonheur de l'homme.

« Peut-être les accuserez-vous d'incliner avec excès à l'épicuréisme ; car, si la volupté n'est pas suivant eux l'unique élément du bonheur, elle en est un des plus essentiels. Et, chose singulière, ils invoquent à l'appui de cette voluptueuse morale, la religion si grave et sévère, si triste et rigide. Ils ont pour principe de ne discuter jamais du *bien* et du *mal*, sans partir des axiômes de la religion et de la philosophie ; autrement ils craindraient de raisonner d'une manière incomplète, et d'édifier de fausses théories.

« Voici leur catéchisme religieux :

« L'âme est immortelle : Dieu qui est bon l'a créée pour être heureuse. — Après la mort des récompenses couronnent la vertu ; des supplices tourmentent le crime.

« Quoique ces dogmes appartiennent à la religion, les Utopiens pensent que la raison peut amener à les croire et à les consentir. Ils n'hésitent pas à déclarer, qu'en l'absence de ces principes, il faudrait être stupide pour ne pas rechercher le plaisir par tous les moyens possibles, criminels ou légitimes. La vertu consisterait alors à choisir entre deux voluptés la plus délicieuse, la plus piquante ; et à fuir les plaisirs suivis de douleurs plus vives que la jouissance qu'ils auraient procurée.

« Mais, pratiquer des vertus âpres et difficiles, renoncer aux douceurs de la vie, souffrir volontairement la douleur, et ne rien espérer après la mort, en récompense des mortifications de la terre, c'est aux yeux de nos insulaires le comble de la folie.

« Le bonheur, disent-ils, n'est pas dans toute espèce de volupté; il est seulement dans les plaisirs bons et honnêtes. C'est vers ces plaisirs que tout, jusqu'à la vertu même, entraîne irrésistiblement notre nature; ce sont eux qui constituent la félicité.

« Ils définissent la vertu : *vivre selon la nature*. Dieu, en créant l'homme, ne lui donna pas d'autre destinée.

« L'homme qui suit l'impulsion de la nature est celui qui obéit à la voix de la raison, dans ses haines et dans ses appétits. Or, la raison inspire d'abord à tous les mortels l'amour et l'adoration de la majesté divine, à laquelle nous devons et l'*être* et le *bien-être*. En second lieu, elle nous enseigne et nous excite à vivre gaiement et sans chagrin, et à procurer les mêmes avantages à nos semblables, qui sont nos frères.

« En effet, le plus morose et le plus fanatique zélateur de la vertu, l'ennemi le plus haineux du plaisir, en vous proposant d'imiter ses travaux, ses veilles, ses mortifications, vous ordonne aussi de soulager de tout votre pouvoir la misère et les incommodités d'autrui. Ce moraliste sévère comble d'éloges, au nom de l'humanité, l'homme qui console et qui sauve l'homme ; il croit donc que la vertu la plus noble et la plus *humaine* en quelque sorte, consiste à adoucir les souffrances du prochain, à l'arracher au désespoir et à la tristesse, à lui rendre les joies de la vie, ou, en d'autres termes, à le faire participer à la volupté.

« Et pourquoi la nature ne porterait-elle pas chacun de nous à faire à soi le même bien qu'aux autres ? Car, de deux choses l'une : ou une existence agréable, c'est-à-dire la volupté, est un mal, ou elle est un bien. Si elle est un mal, non seulement l'on ne doit pas aider ses semblables à en jouir, mais encore on doit la leur enlever comme une chose dangereuse et criminelle. Si elle est un bien, l'on peut et l'on doit la procurer à soi comme aux autres. Pourquoi aurions-nous donc moins de compassion pour nous que pour autrui? La nature qui nous inspire la charité pour nos frères, ne nous commande pas d'être cruels et sans pitié pour nous-mêmes.

« Voilà ce qui fait affirmer aux Utopiens qu'une vie honnêtement agréable, c'est-à-dire que la volupté est la fin de toutes nos actions; que telle est la volonté de la nature, et qu'obéir à cette volonté, c'est être vertueux.

« La nature, disent-ils encore, invite tous les hommes à s'entr'aider mutuellement, et à partager en commun le joyeux festin de la vie. Ce précepte est juste et raisonnable, il n'y a pas d'individu tellement placé au dessus du genre humain, que la Providence ne doive prendre soin que de lui seul. La nature a donné la même forme à tous; elle les réchauffe tous de la même chaleur, elle les embrase tous du même amour; ce qu'elle réprouve, c'est qu'on augmente son *bien-être*, en aggravant le malheur d'autrui.

« C'est pourquoi les Utopiens pensent qu'il faut observer non seulement les conventions privées entre simples citoyens, mais encore les lois publiques qui règlent la répartition des commodités de la vie, en d'autres termes, qui distribuent la matière du plaisir, quand ces lois ont été promulguées justement par un bon prince, ou sanctionnées par le commun consentement d'un peuple, qui n'était ni opprimé par la tyrannie, ni circonvenu par l'artifice.

« Chercher le bonheur, sans violer les lois, est sagesse; travailler au bien général, est religion; fouler aux pieds la félicité d'autrui en courant après la sienne, est une action injuste.

« Au contraire, se priver de quelque jouissance, pour en faire part aux autres, c'est le signe d'un cœur noble et humain, qui du reste retrouve bien au delà du plaisir dont il a fait le sacrifice. D'abord, cette bonne œuvre est récompensée par la réciprocité des services; ensuite, le témoignage de la conscience, le souvenir et la reconnaissance de ceux qu'on a obligés, causent à l'âme plus de volupté que n'aurait pu en donner au corps l'objet dont on s'est privé. Enfin, l'homme qui a foi aux vérités religieuses, doit être fermement persuadé que Dieu récompense la privation volontaire d'un plaisir éphémère et léger, par des joies ineffables et éternelles.

« Ainsi, en dernière analyse, les Utopiens ramènent toutes nos actions, et même toutes nos vertus au plaisir, comme à notre fin.

« Ils appellent *volupté* tout état ou tout mouvement de l'âme et du corps, dans lesquels l'homme éprouve une délectation naturelle. Ce n'est pas sans raison qu'ils ajoutent le mot *naturelle;* car ce n'est pas seulement la sensualité, c'est aussi la raison qui nous attire vers les choses naturellement délectables; et par là il faut entendre les biens que l'on peut rechercher sans injustice, les jouissances qui ne privent pas d'une jouissance plus vive, et qui ne traînent à leur suite aucun mal.

« Il y a des choses, en dehors de la nature, que les hommes par une convention absurde nomment des plaisirs (comme s'ils avaient le pouvoir de changer les essences aussi facilement que les mots). Ces choses, loin de contribuer au bonheur, sont autant d'obstacles pour y parvenir ; elles empêchent ceux qu'elles séduisent de jouir des satisfactions pures et vraies ; elles faussent l'esprit en le préoccupant de l'idée d'un plaisir imaginaire. Il y a, en effet, une foule de choses auxquelles la nature n'a attaché aucune douceur, auxquelles même elle a mêlé de l'amertume, et que les hommes regardent comme de hautes voluptés nécessaires, en quelque sorte, à la vie ; quoique la plupart soient essentiellement mauvaises, et ne stimulent que des passions mauvaises.

« Les Utopiens classent, dans ce genre de voluptés bâtardes, la vanité de ceux dont j'ai déjà parlé, qui se croient meilleurs, parce qu'ils ont un plus bel habit. La vanité de ces fats est doublement ridicule.

« Premièrement, ils estiment leur habit au dessus de leur personne ; car, pour ce qui est de l'usage, en quoi, je vous prie, une laine plus fine l'emporte-t-elle sur une laine plus épaisse? Cependant, les insensés, comme s'ils se distinguaient de la multitude par l'excellence de leur nature, et non par la folie de leur conduite, dressent fièrement la tête, s'imaginant valoir un grand prix. Ils exigent, en raison de la riche élégance de leur vêtement, des honneurs qu'ils n'oseraient espérer avec une mise simple et commune ; ils s'indignent, quand on regarde leur toilette d'un œil indifférent.

« En second lieu, ces mêmes hommes ne sont pas moins stupides de se repaître d'honneurs sans réalité et sans fruit. Est-il naturel et vrai le plaisir que l'on ressent, en face d'un flatteur qui se découvre la tête, et plie humblement le genou? Une génuflexion guérit-elle donc de la fièvre ou de la goutte?

« Parmi ceux que séduit encore une fausse image du plaisir, sont les *nobles*, qui se complaisent avec orgueil et avec amour dans la pensée de leur noblesse. Et de quoi s'applaudissent-ils? du hasard, qui les a fait naître d'une longue suite de riches aïeux, et surtout de riches propriétaires (car la noblesse d'aujourd'hui, c'est la fortune). Néanmoins, ces insensés, n'eussent-ils rien hérité de leurs pères, ou bien eussent-ils dévoré tout leur patrimoine, que malgré cela ils ne se croiraient pas moins nobles d'un cheveu.

« Les Utopiens rangent les amateurs de pierreries dans la catégorie des *entichés* de noblesse. Les hommes qui ont cette passion se croient de petits dieux, quand ils ont trouvé une pierre belle et rare, particulièrement estimée de leur temps et dans leur pays. Car la même pierre ne conserve pas toujours et partout la même valeur. L'amateur de joyaux les achète nus et sans or; il pousse même la précaution jusqu'à exiger du vendeur une caution, et aussi le serment que le diamant, le rubis, la topaze sont de bon aloi; tant il craint qu'un faux brillant n'en impose à ses yeux! Quel plaisir y a-t-il donc à regarder une pierre naturelle plutôt qu'une pierre artificielle, puisque l'œil n'en peut saisir la différence? L'une ou l'autre n'a réellement pas plus de valeur pour un voyant que pour un aveugle.

« Que dire des avares qui entassent argent sur argent, non pour en user, mais pour se repaître de la contemplation d'une énorme quantité de métal? Le plaisir de ces riches misérables n'est-il pas une pure chimère? — Est-il plus heureux celui qui, par un travers plus stupide encore, enterre ses écus? il ne voit pas même son trésor, et la peur de le perdre fait qu'il le perd en réalité. Car enfouir de l'or, n'est-ce pas le voler à soi-même et aux autres? Cependant, l'avare est tranquille, il saute de joie quand il a enfoui bien avant ses richesses. Maintenant, supposons que quelqu'un s'empare de ce dépôt confié à la terre, et que notre Harpagon survive dix ans à sa ruine, sans le savoir; je vous le demande, que lui importe, durant l'intervalle, d'avoir conservé ou perdu son trésor? Enterré ou volé, il lui fait absolument le même usage.

« Les Utopiens regardent aussi comme

imaginaires les plaisirs de la chasse et des jeux de hasard, jeux dont ils ne connaissent la folie que de nom, ne les ayant jamais pratiqués. Quel amusement pouvez-vous trouver, disent-ils, à jeter un dé sur un tablier? et, en supposant qu'il y ait là une volupté, vous vous en êtes rassasiés tant de fois, qu'elle doit être devenue pour vous ennuyeuse et fade.

« N'est-ce pas chose plus fatigante qu'agréable d'entendre japper et aboyer des chiens? Est-il plus réjouissant de voir courir un chien après un lièvre, que de le voir courir après un chien? Néanmoins, si c'est la course qui fait le plaisir, la course existe dans les deux cas. Mais n'est-ce pas plutôt l'espoir du meurtre, l'attente du carnage qui passionnent exclusivement pour la chasse? Et comment ne pas ouvrir plutôt son âme à la pitié, comment n'avoir pas horreur de cette boucherie, où le chien fort, cruel et hardi, déchire le lièvre faible, peureux et fugitif?

« C'est pourquoi nos insulaires défendent la

chasse aux hommes libres, comme un exercice indigne d'eux ; ils ne la permettent qu'aux bouchers qui sont tous esclaves. Et même, dans leur opinion, la chasse est la partie la plus vile de l'art de tuer les bêtes ; les autres parties de ce métier sont beaucoup plus honorées, parce qu'elles rapportent plus de profit, et qu'on n'y tue les animaux que par nécessité, tandis que le chasseur cherche dans le sang et le meurtre une stérile jouissance. Les Utopiens pensent en outre que cet amour de la mort, même de la mort des bêtes, est le penchant d'une âme déjà féroce, ou qui ne tardera pas à le devenir, à force de se repaître de ce plaisir barbare.

« Les Utopiens méprisent toutes ces joies, et beaucoup d'autres semblables en nombre presque infini, que le vulgaire envisage comme des biens suprêmes, mais dont la suavité apparente n'est pas dans la nature. Quand même ces plaisirs rempliraient les sens de la plus délicieuse ivresse (ce qui semble être l'effet naturel de la volupté), ils affirment qu'ils n'ont rien de commun avec la volupté véritable ; car, disent-ils, ce plaisir sensuel ne vient pas de la nature même de l'objet, il est le fruit d'habitudes dépravées qui font trouver doux ce qui est amer. C'est ainsi que les femmes grosses, dont le goût s'est corrompu, trouvent la poix et le suif plus doux que le miel.

« Les Utopiens distinguent diverses sortes de vrais plaisirs : les uns se rapportent au corps, les autres à l'âme.

« Les plaisirs de l'âme sont dans le développement de l'intelligence, et les pures délices qui accompagnent la contemplation de la vérité. Nos insulaires y joignent aussi le témoignage d'une vie irréprochable, et l'espérance certaine d'une immortalité bienheureuse.

« Ils divisent en deux espèces les voluptés du corps :

« La première espèce comprend toutes les voluptés qui opèrent sur les sens une impression actuelle, manifeste, et dont la cause est le rétablissement des organes épuisés par la chaleur interne. Cette impression naît, d'une part, de l'action de boire et de manger qui rend les forces perdues ; d'autre part, des fonctions animales qui chassent du corps les matières dont il surabondait. Telles sont les sécrétions intestinales, le coït, et l'apaisement d'une démangeaison quelconque, en frottant ou grattant.

« Quelquefois le plaisir des sens ne provient pas des fonctions animales qui réparent les organes épuisés, ou les débarrasse d'une exubérance pénible ; il est l'effet d'une force intérieure et indéfinissable qui émeut, charme et attire ; tel est le plaisir qui naît de la musique.

« La seconde espèce de volupté sensuelle consiste dans l'équilibre stable et parfait de toutes les parties du corps, c'est-à-dire dans une santé exempte de malaise. En effet, l'homme que n'affecte pas la douleur éprouve en soi un certain sentiment de bien-être, quand même aucun objet extérieur n'ébranlerait agréablement ses organes. Il est vrai que cette sorte de volupté n'agite et n'étourdit pas les sens, comme, par exemple, les plaisirs de la table ; néanmoins plusieurs la mettent au premier rang ; et presque tous les Utopiens déclarent qu'elle est le fondement et la base du vrai bonheur. Car, disent-ils, ce n'est qu'avec une santé parfaite que la condition de la vie humaine est rendue paisible et souhaitable ; sans la santé, il n'est plus de volupté possible ; sans elle, l'absence même de la douleur n'est pas un bien, c'est l'insensibilité du cadavre.

« Une vive querelle s'éleva autrefois, en Utopie, à ce sujet. Quelques uns prétendaient qu'on ne devait pas compter au nombre des plaisirs une santé stable et tranquille, parce qu'elle ne fait pas percevoir une jouissance actuelle et distincte, ainsi que les sensations qui viennent du dehors. Mais aujourd'hui, tous, à une exception très minime, s'accordent à proclamer la santé comme une volupté essentielle. En effet, d'après eux, c'est la douleur qui, dans la maladie, est l'ennemie implacable du plaisir ; or, la maladie est également l'ennemie de la santé ; pourquoi donc n'y aurait-il pas plaisir dans la santé, de même qu'il y a douleur dans la maladie? Il importe peu à la question que la maladie soit la douleur, ou que la douleur soit inhérente à la maladie, puisque les résultats sont entièrement semblables. Soit donc que l'on envisage la santé comme la volupté elle-même, ou bien comme la cause qui la produit nécessairement, ainsi que le feu produit nécessairement la chaleur; toujours est-il que dans les deux cas l'homme qui jouit d'une santé inaltérable doit éprouver un certain plaisir.

« Quand nous mangeons, disent les Utopiens, n'est-ce pas la santé qui, commençant à défaillir, combat contre la faim avec le secours des aliments? Ceux-ci s'avancent, chassent devant eux ce cruel ennemi, et inspirent à l'homme cette joie qui accompagne le retour de sa vigueur normale. Mais la santé qui prenait tant de plaisir au combat ne se réjouirait-elle pas après la victoire? Ce qu'elle cherchait dans la lutte, c'était sa force première; et ce résultat obtenu, est-il possible qu'elle tombe dans un engourdissement stupide, sans connaître ni aimer son bonheur!

« Les Utopiens, en conséquence, rejettent pleinement l'opinion que l'homme bien portant n'a pas le sentiment de son état. Suivant eux, il faut être malade ou endormi pour ne pas sentir qu'on se porte bien; il faut être de pierre ou frappé de léthargie pour ne pas se complaire dans une santé parfaite, pour ne pas y trouver du charme. Or, ce charme, cette complaisance, qu'est-ce autre chose que de la volupté?

« Ils se livrent par dessus tout aux plaisirs de l'esprit, qu'ils regardent comme les premiers et les plus essentiels de tous les plaisirs; ils mettent au rang des plus purs et des plus souhaitables la pratique de la vertu et la conscience d'une vie sans souillures. Parmi les voluptés corporelles ils donnent la préférence à la santé; car, dans leur opinion, si l'on doit rechercher la bonne chair et les autres jouissances de la vie animale, c'est uniquement en vue de la conservation de la santé, attendu que ces choses ne sont pas délectables par elles-mêmes, mais seulement parce qu'elles s'opposent à l'invasion secrète de la maladie.

« L'homme sage prévient le mal, plutôt que d'employer les remèdes; il évite la douleur plutôt que de recourir aux soulagements. D'après cela, les Utopiens usent de tous les plaisirs du corps dont la privation nécessiterait l'emploi de moyens curatifs. Mais ils ne mettent pas tout leur bonheur dans ces plaisirs ; autrement, le comble de la félicité humaine serait la faim et la soif en permanence, puisqu'il faudrait alors manger et boire sans désemparer. Certes, une pareille vie serait aussi misérable qu'ignoble.

« Les jouissances animales sont les plus viles, les moins pures, et toujours il y a une douleur qui les accompagne. La faim n'est-elle pas unie au plaisir de manger, et cela en parties bien inégales? En effet, la sensation de la faim est la plus violente ; elle est aussi la plus durable, puisqu'elle naît avant le plaisir et ne meurt qu'avec lui.

« Les Utopiens, pénétrés de ces principes, pensent qu'on ne doit faire grand cas des voluptés charnelles, qu'autant qu'elles sont nécessaires et utiles. Toutefois, ils s'y abandonnent joyeusement, et remercient la nature qui prend soin de l'homme avec la tendresse d'une mère, en mêlant des impressions si douces et suaves aux fonctions indispensables de la vie.

« Quel triste sort serait le nôtre, s'il nous fallait chasser, à force de poisons et de drogues amères, la faim et la soif de chaque jour, comme nous chassons les autres maladies qui nous assiégent de loin en loin!

« Ils entretiennent et cultivent volontiers la beauté, la vigueur, l'agilité du corps, ces dons les plus agréables et les plus heureux de la nature. Ils admettent aussi les plaisirs que l'on perçoit par la vue, l'ouïe et l'odorat, plaisirs que la nature a créés exclusivement pour l'homme, et qui font l'assaisonnement et le charme de la vie. Car, la bête n'arrête pas son regard sur la magnificence de la création, sur l'ordre et l'arrangement de l'univers. Elle flaire l'odeur pour distinguer sa nourriture, mais elle ne savoure pas les délices des parfums ; elle ne connaît pas les rapports des sons, et n'apprécie ni la dissonance ni l'harmonie.

« Au reste, en toute sorte de satisfactions sensuelles, les Utopiens n'oublient jamais cette règle pratique : « *Fuir la volupté qui empêche de jouir d'une volupté plus grande ou qui est suivie de quelque douleur.* » Or, la douleur est, à leurs yeux, la suite inévitable de toute volupté déshonnête.

« Voici encore un de leurs principes :

« Mépriser la beauté du corps, affaiblir ses forces, convertir son agilité en engourdissement, épuiser son tempérament par le jeûne et l'abstinence, ruiner sa santé, en un mot, repousser toutes les faveurs de la nature, et cela pour se dévouer plus efficacement au bonheur de l'humanité, dans l'espoir que Dieu récompensera ces peines d'un jour par des extases d'éternelle joie, c'est faire acte de religion sublime. — Mais se crucifier la chair, se sacrifier pour un vain fantôme de vertu, ou pour s'habituer d'avance à des misères qui peut-être n'arriveront jamais, c'est faire acte de folie stupide, de lâche cruauté envers soi-même, et d'orgueilleuse ingratitude envers la nature; c'est fouler aux pieds les bienfaits du Créateur, comme si l'on dédaignait de lui avoir quelque obligation.

« Telle est la théorie utopienne touchant la vertu et le plaisir. A moins qu'une révélation descendue du ciel n'inspire à l'homme quelque chose de plus saint, ils croient que la raison humaine ne peut rien imaginer de plus vrai.

« Cette morale est-elle bonne, est-elle mauvaise? c'est ce que je ne discuterai pas; je n'en ai pas le temps, et cela n'est pas nécessaire à mon but; j'ai entrepris une histoire, et non une apologie. Ce qui est certain pour moi, c'est que le peuple d'Utopie, grâce à ses institutions, est le premier de tous les peuples, et qu'il n'existe pas ailleurs de république plus heureuse.

« L'Utopien est preste et nerveux; sans être

de petite taille, il est plus vigoureux qu'il ne le paraît extérieurement. L'île n'est pas d'une égale fertilité en tous lieux; l'air n'y est pas partout également pur et salubre. Les habitants combattent par la tempérance les influences funestes de l'atmosphère; ils corrigent le sol au moyen d'une excellente culture; en sorte que nulle autre part on ne vit jamais de plus riche bétail, ni de plus abondantes récoltes. Nulle autre part la vie de l'homme n'est plus longue et les maladies moins nombreuses.

« Non seulement les citoyens agriculteurs exécutent avec une grande perfection les travaux qui fertilisent une terre naturellement ingrate; mais le peuple en masse est employé quelquefois à déraciner des forêts mal situées pour la commodité du transport, puis à en planter de nouvelles près de la mer, des fleuves ou des villes; car, de tous les produits du sol, le bois est le plus difficile à transporter par terre.

« Le peuple utopien est spirituel, aimable,

industrieux, aimant le loisir, et néanmoins patient au travail, quand le travail est nécessaire; sa passion favorite est l'exercice et le développement de l'esprit.

« Pendant notre séjour dans l'île, nous avions dit aux habitants quelques mots des lettres et des sciences de la Grèce. C'était chose vraiment curieuse à voir que l'empressement avec lequel ces bons insulaires nous suppliaient de leur interpréter les auteurs grecs ; nous ne leur avions pas parlé des latins, pensant qu'ils n'estimeraient parmi ces derniers que les historiens et les poëtes. Enfin il nous fallut céder à leurs prières ; et, je vous l'avouerai, ce fut de notre part un acte de pure complaisance, dont nous n'espérions pas tirer grand fruit. Mais, après quelques leçons, nous eûmes lieu de nous féliciter du succès de notre entreprise, du zèle et des progrès de nos élèves. Nous étions émerveillés de leur facilité à copier la forme des lettres, de la netteté de leur prononciation, de la promptitude de leur mémoire, et de la fidélité de leurs traductions. Il est vrai que la plupart de ceux qui s'étaient livrés d'abord spontanément à cette étude avec une si belle ardeur, y furent obligés depuis par un décret du sénat; ceux-là étaient les savants les plus distingués de la classe des lettrés, et des hommes d'un âge mûr. Aussi, en moins de trois ans, il n'y avait rien dans les ouvrages des bons auteurs qu'ils ne comprissent parfaitement à la lecture, à part les difficultés provenant des erreurs typographiques.

« M'est avis que cette grande facilité avec laquelle ils apprirent le grec prouve que cette langue ne leur était pas tout à fait étrangère. Je les crois Grecs d'origine; et quoique leur idiome se rapproche beaucoup du persan, l'on trouve dans les noms de leurs villes et de leurs magistratures quelques traces de la langue grecque.

« Lors de mon quatrième voyage en Utopie, au lieu de marchandises, j'avais embarqué une assez jolie pacotille de livres, bien résolu que j'étais de revenir en Europe le plus tard possible. En quittant les Utopiens, je leur laissai ma bibliothèque; ils eurent ainsi de moi presque toutes les œuvres de Platon, un grand nombre de celles d'Aristote, et le livre de Théophraste, *sur les Plantes*, livre déchiré en plusieurs endroits, ce que je regrette infiniment. Pendant la traversée, je l'avais laissé à l'abandon; malheureusement un singe le trouva, et le drôle prit plaisir à en arracher çà et là les feuillets. De tous les grammairiens je ne pus donner à nos insulaires que le seul Lascaris, car je n'avais pas apporté Théodore; en fait de dictionnaires, ils ont Hésichius et Dioscoride.

« Plutarque est leur auteur favori; l'enjouement et les grâces de Lucien les enchantent. Parmi les poëtes, ils possèdent Aristophane, Homère, Euripide et le Sophocle d'Aldus en petits caractères. En fait d'historiens, je leur laissai Thucydide, Hérodote et Hérodien.

« En médecine, ils ont quelques ouvrages d'Hippocrate, et le *Microtechne* de Galien, que mon compagnon de voyage, Tricius Apinas, avait apportés avec lui. Ces deux derniers livres sont chez eux en grande estime; car s'il n'y a pas de pays où la médecine soit moins nécessaire qu'en Utopie, il n'y en a pas où elle soit plus honorée. Les Utopiens la mettent au rang des parties les plus utiles et les plus nobles de la philosophie naturelle. Le médecin, disent-ils, qui s'applique à pénétrer les mystères de la vie, non seulement puise dans cette étude d'admirables jouissances, mais encore il se rend agréable au divin ouvrier, auteur de la vie. Dans les idées utopiennes, le Créateur, ainsi que les ouvriers de la terre, expose sa machine du monde aux regards de l'homme, seul être capable de comprendre cette belle immensité. Dieu voit avec amour celui qui admire ce grand œuvre, et cherche à en découvrir les ressorts et les lois; il regarde avec pitié celui qui demeure froid et stupide à ce merveilleux spectacle, comme une bête sans âme.

« On concevra maintenant que les Utopiens, dont l'esprit est cultivé sans cesse par l'étude des sciences et des lettres, soient doués d'une aptitude remarquable pour les arts et les inventions utiles au bien-être de la vie. Ils nous doivent l'imprimerie et la fabrication du papier ; mais en cela leur génie leur servit autant que nos leçons, car nous ne connaissions bien à fond aucun de ces deux arts. Nous ne fîmes donc que leur montrer les impressions d'Aldus, leur parlant en termes vagues de la matière employée à la fabrication du papier, et des procédés de l'imprimerie. Bientôt ils devinèrent ce que nous leur avions seulement indiqué. Avant, ils écrivaient sur des peaux, des écorces, des feuilles de papyrus; ils essayèrent bien vite de faire du papier et d'imprimer. Ces premières tentatives furent stériles, mais à force d'expériences mille fois répétées, ils parvinrent à obtenir un succès complet; et s'ils avaient en main tous les manuscrits grecs ils pourraient en tirer de nombreuses éditions. Ils ne possèdent aujourd'hui d'autres livres que ceux que je leur ai laissés ; mais ces livres, ils les ont déjà multipliés par milliers d'exemplaires.

« L'étranger qui aborde en Utopie y est parfaitement reçu, s'il se recommande par un mérite réel, ou si de longs voyages lui donnent une science exacte des hommes et des choses. C'est à ce dernier titre que nous devons d'avoir été les bienvenus dans ce pays, où l'on est excessivement curieux de savoir ce qui se passe au dehors. Le commerce y attire peu de monde; car, à l'exception du fer, que porter en Utopie? de l'or et de l'argent? mais on serait certainement obligé de remporter l'un et l'autre. Quant au commerce d'exportation, les Utopiens le font eux-mêmes; et en cela ils ont en vue deux objets: d'abord, se tenir au courant de tout ce qui se passe à l'extérieur; puis, entretenir et perfectionner leur navigation.

DES ESCLAVES.

« Tous les prisonniers de guerre ne sont pas indistinctement livrés à l'esclavage; mais seulement les individus pris les armes à la main.

« Les fils des esclaves ne le sont point ; et l'esclave étranger devient libre en touchant la terre d'Utopie.

« La servitude tombe particulièrement sur les citoyens coupables de grands crimes, et sur les condamnés à mort qui appartiennent à l'étranger. Cette dernière espèce d'esclaves est très nombreuse en Utopie ; les Utopiens vont eux-mêmes les chercher à l'extérieur, où ils les achètent à vil prix, et quelquefois ils les obtiennent pour rien.

« Tous ces esclaves sont assujettis à un travail continu, et portent la chaîne. Mais ceux que l'on traite avec le plus de rigueur sont les indigènes ; ceux-là sont regardés comme les plus misérables des scélérats, dignes de servir d'exemple aux autres par une pire dégradation. En effet, ils avaient reçu tous les germes de la vertu ; ils avaient appris à être heureux et bons, et ils ont embrassé le crime.

« Il est encore une autre espèce d'esclaves, ce sont les journaliers pauvres des contrées voisines, qui viennent offrir volontairement leurs services. Ces derniers sont traités en tout comme les citoyens, excepté qu'on les fait travailler un peu plus, attendu qu'ils ont une plus grande habitude de la fatigue. Ils sont libres de partir quand ils le veulent, et jamais on ne les renvoie les mains vides.

« J'ai déjà dit quels soins affectueux les Utopiens ont pour les malades; rien n'est épargné de ce qui peut contribuer à leur guérison, soit en remèdes, soit en aliments.

« Les malheureux affligés de maux incurables reçoivent toutes les consolations, toutes les assiduités, tous les soulagements moraux et physiques capables de leur rendre la vie supportable. Mais, lorsqu'à ces maux incurables se joignent d'atroces souffrances, que rien ne peut suspendre ou adoucir, les prêtres et les magistrats se présentent au patient, et lui apportent l'exhortation suprême.

« Ils lui représentent qu'il est dépouillé des biens et des fonctions de la vie; qu'il ne fait que survivre à sa propre mort, en demeurant ainsi à charge à soi-même et aux autres. Ils l'engagent à ne pas nourrir plus longtemps le mal qui le dévore, et à mourir avec résolution, puisque l'existence n'est pour lui qu'une affreuse torture.

« Ayez bon espoir, lui disent-ils, brisez les
« chaînes qui vous étreignent et sortez vous-
« même du cachot de la vie ; ou du moins con-
« sentez à ce que d'autres vous en délivrent.
« Votre mort n'est pas un refus impie des
« bienfaits de l'existence, c'est le terme d'un
« cruel supplice. »

« Obéir, dans ce cas, à la voix des prêtres interprètes de la divinité, c'est faire une œuvre religieuse et sainte.

« Ceux qui se laissent persuader mettent fin à leurs jours par l'abstinence volontaire ; ou bien on les endort au moyen d'un narcotique mortel, et ils meurent sans s'en apercevoir. Ceux qui ne veulent pas de la mort, n'en sont pas moins l'objet des attentions et des soins les plus délicats ; quand ils cessent de vivre, l'opinion publique honore leur mémoire.

« L'homme qui se tue, sans cause avouée par le magistrat et le prêtre, est jugé indigne de la terre et du feu ; son corps est privé de sépulture, et jeté ignominieusement dans les marais.

« Les filles ne peuvent se marier avant dix-huit ans ; les garçons avant vingt-deux.

« Les individus de l'un et de l'autre sexe convaincus d'avoir succombé au plaisir, avant le mariage, sont passibles d'une censure sévère ; et le mariage leur est absolument interdit, à moins que le prince ne leur fasse remise de la faute. Le père et la mère de famille, chez lesquels le délit a été commis, sont déshonorés pour n'avoir pas veillé avec assez de soin sur la conduite de leurs enfants.

« Cette loi vous semble peut-être rigide à l'excès ; mais, en Utopie, l'on pense que l'amour conjugal ne tarderait pas à s'éteindre entre deux individus condamnés à vivre éternellement en face l'un de l'autre, et à souffrir les mille désagréments de ce commerce intime, si des amours vagabonds et éphémères étaient tolérés et impunis.

« Au reste, les Utopiens ne se marient pas en aveugles ; et pour se mieux choisir, ils suivent un usage qui nous parut d'abord éminemment ridicule et absurde ; mais qu'ils pratiquent avec un sang-froid et un sérieux vraiment remarquables :

« Une dame honnête et grave fait voir au futur sa fiancée, fille ou veuve, à l'état de nudité complète ; et réciproquement, un homme d'une probité éprouvée montre à la jeune fille son fiancé nu.

« Cette coutume singulière nous fit beaucoup rire, et même nous la trouvions passablement stupide ; mais, à toutes nos épigrammes, les Utopiens répondaient qu'ils ne pouvaient se lasser d'admirer la folie des gens des autres pays.

« Lorsque, nous disaient-ils, vous achetez
« un bidet, affaire de quelques écus, vous
« prenez des précautions infinies. L'animal
« est presque nu, cependant vous lui ôtez la

« selle et le harnais, de peur que ces faibles
« enveloppes ne cachent quelque ulcère. Et
« quand il s'agit de choisir une femme, choix
« qui influe sur tout le reste de la vie, et qui
« en fait un délice ou un tourment, vous y
« mettez la plus profonde incurie! Comment!
« vous vous liez d'union indissoluble à un
« corps tout enveloppé de vêtements qui le
« cachent, vous jugez de la femme entière
« par une portion de sa personne large comme
« la main, puisque son visage seul est à dé-
« couvert! Et, vous ne craignez pas de ren-
« contrer après cela quelque difformité se-
« crète, qui vous force à maudire cette union
« aventureuse! »

« Les Utopiens avaient quelque raison de parler ainsi; car tous les hommes ne sont pas assez philosophes pour n'estimer dans une femme que l'esprit et le cœur; et les philosophes eux-mêmes ne sont pas fâchés de trouver réunie la beauté du corps aux qualités de l'âme. Il est certain que la plus brillante parure peut couvrir la plus dégoûtante difformité; alors, le cœur et les sens de l'infortuné mari repousseront bien loin la femme dont il ne pourra plus se séparer de corps ; puisque, si la mystification n'a lieu qu'après la consommation du mariage, elle n'en détruit pas l'indissolubilité ; et qu'il ne reste plus qu'à ronger son frein.

« Il faut donc que les lois fournissent un moyen infaillible de ne pas tomber dans le piége ; surtout en Utopie, où la polygamie est sévèrement proscrite, et où le mariage ne se dissout le plus souvent que par la mort, excepté le cas d'adultère et celui de mœurs absolument insupportables.

« Dans ces deux cas, le sénat donne à l'époux offensé le droit de se remarier ; l'autre est condamné à vivre perpétuellement dans l'infamie et le célibat.

« Il n'est permis sous aucun prétexte de répudier, malgré elle, une femme de conduite irréprochable, parce qu'il lui sera survenu quelque infirmité corporelle. Abandonner ainsi une épouse au moment où elle a le plus grand besoin de secours, c'est aux yeux de nos insulaires une lâche cruauté ; c'est encore enlever à la vieillesse tout espoir dans l'avenir et toute confiance dans la foi jurée. Car la vieillesse n'est-elle pas la mère de la maladie ; n'est-elle pas elle-même une maladie ?

« Il arrive quelquefois en Utopie que le mari et la femme ne pouvant se convenir par incompatibilité d'humeur, cherchent de nouvelles moitiés, qui leur promettent une vie plus heureuse et plus douce. La demande en séparation doit être portée aux membres du sénat qui, après avoir scrupuleusement examiné l'affaire, eux et leurs femmes, rejettent ou autorisent le divorce. Dans ce dernier cas, les deux parties plaignantes se séparent d'un consentement mutuel, et convolent à de secondes noces.

« Le divorce est rarement permis ; les Utopiens savent que donner l'espérance de pouvoir se remarier facilement, n'est pas le meilleur moyen de resserrer les nœuds de l'amour conjugal.

« L'adultère est puni du plus dur esclavage.

« Si les deux coupables étaient mariés, les époux outragés ont chacun le droit de répudiation respective, ils peuvent se marier entre eux, ou avec qui bon leur semble.

« Cependant, si l'époux, homme ou femme, qui a souffert l'injure, aime encore son indigne moitié, le mariage n'est pas rompu, à cette condition néanmoins que l'innocent suive le coupable là où il est condamné à travailler. Quelquefois le repentir de l'un, les soins amoureux de l'autre touchent la pitié du prince, qui rend à tous deux la liberté.

« La récidive en adultère est punie de mort.

« Les peines des autres crimes ne sont pas invariablement déterminées par la loi. Le sénat proportionne le supplice à l'énormité du forfait.

« Les maris châtient leurs femmes ; les pères et mères leurs enfants ; à moins que la gravité du délit n'exige une réparation publique.

« La peine ordinaire, même des plus grands crimes, est l'esclavage. Les Utopiens croient que l'esclavage n'est pas moins terrible pour les scélérats que la mort, et qu'en outre il est plus avantageux à l'État.

« Un homme qui travaille, disent-ils, est plus utile qu'un cadavre ; et l'exemple d'un supplice permanent inspire la terreur du crime d'une manière bien plus durable qu'un massacre légal qui fait disparaître en un instant le coupable.

« Quand les condamnés esclaves se révoltent, on les tue comme des bêtes féroces et indomptables que la chaîne et la prison ne peuvent contenir.

« Mais ceux qui supportent patiemment leur sort ne sont pas absolument sans espoir. On voit de ces malheureux qui, domptés par le long temps et la rigueur de leurs souffrances, témoignent un vrai repentir, et prouvent que le crime leur pèse encore plus que le châtiment Alors la prérogative du prince, ou la voix du peuple adoucissent leur servitude, et souvent même leur rendent la liberté.

« La simple sollicitation à la débauche est passible de la même peine que le viol accompli. En toute sorte de matières criminelles, la tentative bien déterminée est réputée pour le *fait*. Les obstacles qui empêchent l'exécution d'un mauvais dessein ne justifient pas celui qui l'a formé, et qui certainement aurait commis le mal, s'il avait pu.

« Les bouffons, en Utopie, font les délices des habitants; les maltraiter c'est chose honteuse. Ainsi le plaisir que l'on prend à la folie d'autrui n'est pas défendu. Les Utopiens, dans l'intérêt de leurs bouffons, ne les confient pas à ces hommes tristes et sévères que les paroles ou les actions les plus comiques ne sauraient dérider. Ils craignent que d'aussi sérieux personnages n'aient pas assez d'indulgence et de soin pour un fou qui ne leur servirait à rien, qui ne pourrait pas même les faire rire, seul talent que la nature lui ait départi.

« Il est également honteux d'insulter à la laideur et à la mutilation ; celui qui reproche à un malheureux les défauts du corps qu'il n'était pas en son pouvoir d'éviter est méprisé comme un insensé.

« Négliger le soin de la beauté naturelle passe en ce pays pour une ignoble paresse ; mais appeler à son aide l'artifice et le fard y est une infâme impertinence. Nos insulaires savent par expérience que les grâces du corps recommandent bien moins une femme à l'amour de son mari, que la probité des mœurs, la douceur et le respect. Beaucoup se laissent séduire par la beauté ; mais pas un n'est constant et fidèle, s'il ne trouve avec la beauté complaisance et vertu.

« Non seulement les Utopiens éloignent du crime par des lois pénales, ils invitent encore à la vertu par des honneurs et des récompenses. Des statues sont élevées sur les places publiques aux hommes de génie, et à ceux qui ont rendu à la république d'éclatants services. Ainsi, la mémoire des grandes actions se perpétue, et la gloire des ancêtres est un aiguillon qui stimule la postérité et l'incite continuellement au bien.

« Celui qui brigue une seule magistrature perd tout espoir d'en exercer jamais aucune.

« Les Utopiens vivent entre eux en famille. Les magistrats ne se montrent ni terribles, ni fiers ; on les appelle *pères*, et vraiment ils en ont la justice et la bonté. Ils reçoivent avec simplicité les honneurs que l'on rend volontairement à leurs fonctions ; ces marques de déférence ne sont une obligation pour personne. Le prince lui-même ne se distingue de la foule ni par la pourpre, ni par le diadème, mais seulement par une gerbe de blé qu'il tient à la main. Les insignes du pontife se réduisent à un cierge que l'on porte devant lui.

« Les lois sont en très petit nombre, et suffisent néanmoins aux institutions. Ce que les

Utopiens désapprouvent surtout chez les autres peuples, c'est la quantité infinie de volumes, de lois et de commentaires, qui ne suffisent pas encore à l'ordre public. Ils regardent comme une injustice suprême d'enchaîner les hommes par des lois trop nombreuses, pour qu'ils aient le temps de les lire toutes, ou bien trop obscures, pour qu'ils puissent les comprendre.

« En conséquence, il n'y a pas d'avocats en Utopie ; de là sont exclus ces plaideurs de profession, qui s'évertuent à tordre la loi, et à enlever une affaire avec le plus d'adresse. Les Utopiens pensent qu'il vaut mieux que chacun plaide sa cause, et confie directement au juge ce qu'il aurait à dire à un avocat. De cette manière, il y a moins d'ambiguités et de détours, et la vérité se découvre plus facilement. Les parties exposent leur affaire simplement, parce qu'il n'y a pas d'avocat qui leur enseigne les mille impostures de la chicane. Le juge examine et pèse les raisons de chacun avec bon sens et bonne foi ; il défend l'ingénuité de l'homme simple contre les calomnies du fripon.

« Il serait bien difficile de pratiquer une pareille justice dans les autres pays, enterrés sous un tas de lois si embrouillées et si équivoques. Au reste, tout le monde en Utopie est *docteur en droit*; car, je le répète, les lois y sont en très petit nombre; et leur interprétation la plus grossière, la plus matérielle est admise comme la plus raisonnable et la plus juste.

« Les lois sont promulguées, disent les Utopiens, à seule fin que chacun soit averti de ses droits et de ses devoirs. Or, les subtilités de vos commentaires sont accessibles à peu de monde, et n'éclairent qu'une poignée de savants; tandis qu'une loi nettement formulée, dont le sens n'est pas équivoque et se présente naturellement à l'esprit, est à la portée de tous.

« Qu'importe à la masse, c'est-à-dire à la classe la plus nombreuse et qui a le plus grand besoin de règles, que lui importe qu'il n'y ait pas de lois, ou que les lois établies soient tellement embrouillées, que pour obtenir une signification véritable, il faille un génie supérieur, de longues discussions et de longues études? Le jugement du vulgaire n'est pas assez métaphysique pour pénétrer ces profondeurs; du reste, une vie occupée sans cesse à gagner en travaillant le pain de chaque jour n'y suffirait pas.

« Les peuples voisins envient le gouvernement de cette île fortunée ; ils sont puissamment attirés par la sagesse de ses institutions et les vertus de ses habitants. Les nations libres et qui se gouvernent par elles-mêmes (beaucoup d'entre elles ont été autrefois délivrées de la tyrannie par les Utopiens) vont demander à l'Utopie des magistrats pour un an ou pour cinq. A l'expiration de leur pouvoir, ces magistrats d'emprunt sont ramenés dans leur pays avec les honneurs qu'ils méritent, et d'autres partent pour les remplacer.

« Il est certain que les peuples qui agissent ainsi prennent le parti le plus favorable à leurs intérêts. Car le salut ou la perte d'un empire dépendent des mœurs de ceux qui en ont l'administration. Or, nos insulaires offrent à l'élection de ceux qui les demandent pour chefs les meilleures garanties de probité politique. L'Utopien ne se laissera pas corrompre par l'appât de la fortune, quelque brillante qu'elle puisse être ; bientôt elle ne lui servirait à rien, puisqu'il doit retourner dans sa patrie sous peu d'années ou de mois ; il ne fléchira pas non plus par amour ou par haine, puisqu'il est complétement inconnu à ses administrés. Malheur au pays où l'avarice et les affections privées siégent sur le banc du magistrat ! c'en est fait de la justice, ce plus ferme ressort des États.

« La république utopienne reconnaît pour *alliés* les peuples qui viennent lui demander des chefs, et pour *amis* ceux qui lui doivent un bienfait. Pour ce qui est des traités, que les autres nations contractent si souvent, pour les rompre et les renouer ensuite, elle n'en fait jamais aucun.

« A quoi servent les traités, disent les Utopiens ? Est-ce que la nature n'a pas uni l'homme à l'homme par des liens assez indissolubles ? Celui qui méprise cette alliance intime et sacrée se fera-t-il scrupule de violer un protocole ?

« Ce qui les confirme dans cette opinion, c'est que dans les terres de ce nouveau monde, il est rare que les conventions entre princes soient observées de bonne foi.

« En Europe, et principalement dans les contrées où règnent la foi et la religion du *Christ*, la majesté des traités est partout sainte et inviolable. Cela vient en partie de la justice et de la bonté des monarques, en partie de la crainte et du respect que leur inspirent les souverains pontifes. Car les papes ne s'engagent à rien qu'ils n'exécutent religieusement; aussi, obligent-ils les autres souverains à remplir exactement leurs promesses, employant la censure pastorale et la sévérité canonique pour y forcer ceux qui tergiversent. Les papes croient avec raison qu'il serait honteux pour la chrétienté de voir infidèles à leurs propres conventions ceux qui se glorifient par dessus tout du nom de *Fidèles*.

« Mais, dans ce nouveau monde séparé du nôtre, moins encore par le cercle équatorial, que par les coutumes et les mœurs, l'on ne prête aucune confiance aux traités. Une prompte rupture suit d'ordinaire les serments de paix les plus solennels, et qui avaient reçu la consécration des plus saintes cérémonies. Car il est très facile de découvrir matière à chicane dans le texte d'une alliance ; les négociateurs y glissent à dessein d'adroites fourberies, afin que le prince ne soit jamais invinciblement *lié,* et qu'il trouve toujours une issue secrète par où il puisse échapper à ses engagements.

« Et cependant, si le ministre qui se fait gloire de falsifier ainsi les négociations, pour le compte du roi son maître, s'apercevait que de pareilles supercheries ou plutôt friponneries sont intervenues dans un contrat entre simples particuliers, ce même diplomate, fronçant le sourcil du haut de sa probité, flétrirait la fraude comme un sacrilége digne de la corde.

« D'après cela, ne dirait-on pas que la justice est une vertu plébéienne et de bas lieu, qui rampe bien au dessous du trône des rois? A moins qu'on ne distingue deux sortes de justices: la première, bonne pour le peuple, allant à pied et tête basse, enfermée dans une étroite enceinte qu'elle ne peut franchir, empêchée par de nombreux liens ; l'autre, à l'usage des rois, infiniment plus auguste et plus élevée que la justice du peuple, infiniment plus libre, et à laquelle il n'est défendu de faire que ce qu'elle ne veut pas.

« Je suis porté à penser que la déloyauté des princes, en ces pays lointains, est la cause qui détermine les Utopiens à ne contracter aucune espèce de conventions diplomatiques. Peut-être changeraient-ils d'avis s'ils vivaient en Europe.

« Néanmoins, en thèse générale, ils regardent comme un mal l'introduction des traités parmi les peuples, quand même ceux-ci les observeraient religieusement. Cet usage habitue les hommes à se croire mutuellement ennemis, nés pour une guerre éternelle et pour s'entre-détruire légitimement, en l'absence d'un traité de paix ; comme s'il n'y avait plus société de nature entre deux nations, parce qu'une colline ou qu'un ruisseau les sépare.

« Encore si les alliances garantissaient l'amitié des confédérés ; mais elles n'enlèvent jamais tout moyen de rupture, et par conséquent de pillage et de guerre, à cause de l'étourderie des diplomates qui dressent les articles. Il est rare que les plénipotentiaires embrassent tous les cas possibles dans leurs prohibitions et leurs engagements, ou qu'ils les formulent d'une manière parfaitement nette et précise.

« Les Utopiens ont pour principe qu'il ne faut tenir pour ennemi que celui qui se rend coupable d'injustice et de violence. La communion à la même nature leur paraît un lien plus indissoluble que tous les traités. L'homme, disent-ils, est uni à l'homme d'une façon plus intime et plus forte par le cœur et la charité que par des mots et des protocoles.

DE LA GUERRE.

« Les Utopiens ont la guerre en abomination, comme une chose brutalement animale, et que l'homme néanmoins commet plus fréquemment qu'aucune espèce de bête féroce. Contrairement aux mœurs de presque toutes les nations, rien de si honteux, en Utopie, que de chercher la gloire sur les champs de bataille. Ce n'est pas à dire pour cela qu'ils ne s'exercent avec beaucoup d'assiduité à la discipline militaire; les femmes elles-mêmes y sont obligées, aussi bien que les hommes; certains jours sont fixés pour les exercices, afin que personne ne se trouve inhabile au combat quand le moment de combattre est venu.

« Mais les Utopiens ne font jamais la guerre sans de graves motifs. Ils ne l'entreprennent que pour défendre leurs frontières, ou pour repousser une invasion ennemie sur les terres de leurs *alliés*, ou pour délivrer de la servitude et du joug d'un tyran un peuple opprimé par le despotisme. En cela, ils ne consultent pas leurs intérêts, ils ne voient que le bien de l'humanité.

« La république d'Utopie porte gratuitement secours à ses *amis*, non seulement dans le cas d'une agression armée, mais quelquefois encore pour obtenir vengeance et réparation d'une injure. Cependant, elle n'agit ainsi que lorsqu'elle a été consultée, avant la déclaration de guerre ; alors, elle examine sérieusement la justice de la cause ; et si le peuple qui a commis le dommage ne veut pas le réparer, il est déclaré seul auteur et seul responsable de tous les maux de la guerre.

« Les Utopiens prennent cette délibération extrême toutes les fois qu'un pillage a été exercé par invasion armée. Mais leur colère n'est jamais plus terrible, que lorsque les négociants d'une nation amie, sous prétexte de quelques lois iniques, ou d'après une interprétation perfide de lois bonnes, ont subi à l'étranger des vexations injustes au nom de la justice.

« Telle fut l'origine de la guerre qu'ils entreprirent, un peu avant la génération présente, contre les *Alaopolites* et en faveur des *Néphélogètes*.

« Les *Alaopolites*, au dire des *Néphélogètes*, avaient causé à quelques uns de leurs marchands un tort considérable, sous un prétexte légal. Soit que la plainte fût bien ou mal fondée, toujours est-il qu'il en résulta une guerre atroce. Aux haines et aux forces des deux principaux ennemis, se joignirent les passions et les secours des pays voisins. De puissantes nations furent ébranlées, d'autres violemment abattues. Cette déplorable succession de maux ne finit que par l'entière défaite et la servitude des *Alaopolites*, que les Utopiens (attendu que cette guerre ne leur était pas personnelle) soumirent à la domination des *Néphélogètes*. Cependant, ces derniers étaient loin d'approcher de la situation florissante des *Alaopolites*.

« C'est avec une pareille vigueur que nos insulaires poursuivent l'injure de leurs amis, même quand il ne s'agit que de leur argent. Ils sont moins zélés pour leurs propres affaires. Arrive-t-il à quelques citoyens d'être dépouillés de leurs biens, à l'étranger, victimes de quelque fourberie? Pourvu qu'il n'y ait pas eu attentat contre les personnes, ils se vengent du peuple qui a consommé l'outrage, en cessant tout commerce avec lui, jusqu'à ce qu'il ait donné satisfaction.

« Ce n'est pas qu'ils aient moins à cœur les intérêts de leurs concitoyens que ceux de leurs *alliés* ; mais ils souffrent plus impatiemment les friponneries exercées au préjudice de ces derniers, parce que le négociant qui n'est pas Utopien perd alors une partie de sa fortune privée, et que cette perte est pour lui un malheur grave ; tandis que l'Utopien ne perd jamais que sur la fortune publique, ou plutôt sur l'abondance et le superflu de son pays ; car autrement, l'exportation est prohibée. Voilà pourquoi, en Utopie, les pertes d'argent n'affectent que très faiblement les individus. Ils pensent donc avec raison qu'il serait trop cruel de venger, par la mort d'un grand nombre d'hommes, un dommage qui ne peut atteindre ni la vie, ni le bien-être de leurs concitoyens.

« Au reste, s'il arrive qu'un Utopien soit maltraité ou tué injustement, par suite de délibération publique ou de préméditation privée, la république charge ses ambassadeurs de vérifier le fait ; elle demande qu'on lui livre les coupables, et en cas de refus, rien ne peut l'apaiser qu'une prompte déclaration de guerre. Dans le cas contraire, les auteurs du crime sont punis de mort ou d'esclavage.

« Les Utopiens pleurent amèrement sur les lauriers d'une victoire sanglante ; ils en sont même honteux, estimant absurde d'acheter les plus brillants avantages au prix du sang humain. Pour eux, le plus beau titre de gloire, c'est d'avoir vaincu l'ennemi, à force d'habileté et d'artifice. C'est alors qu'ils célèbrent des triomphes publics, et qu'ils dressent des trophées, comme après une action héroïque; c'est alors qu'ils se vantent d'avoir agi en hommes et en héros, toutes les fois qu'ils ont vaincu par la seule puissance de la raison, ce que ne peut faire aucun des animaux, excepté l'homme. Les lions, disent-ils, les ours, les sangliers, les loups, les chiens, et les autres bêtes féroces ne savent employer pour se battre que la force du corps; la plupart d'entre elles nous surpassent en audace et en vigueur, et toutes cependant cèdent à l'empire de l'intelligence et de la raison.

« En faisant la guerre, les Utopiens n'ont d'autre objet que d'obtenir ce qui les aurait empêché de la déclarer, si leurs réclamations avaient été satisfaites avant la rupture de la paix. Quand toute satisfaction est impossible, ils se vengent des provocateurs, de manière à arrêter par la terreur ceux qui oseraient tenter, à l'avenir, de pareilles entreprises. Tel est le but des Utopiens dans l'exécution de leurs projets, but qu'ils se hâtent d'atteindre énergiquement et avec vitesse, cherchant plutôt à éviter le péril qu'à recueillir une vaine renommée.

« La guerre à peine déclarée, ils ont soin de faire afficher en secret, le même jour, et dans les lieux les plus apparents du pays ennemi, des proclamations revêtues du sceau de l'État. Ces proclamations promettent des récompenses magnifiques au meurtrier du prince ennemi; et d'autres récompenses moins considérables, quoique fort séduisantes encore, pour les têtes d'un certain nombre d'individus, dont les noms sont écrits sur ces lettres fatales. Les Utopiens proscrivent de cette manière les conseillers ou les ministres, qui sont, après le prince, les premiers auteurs de l'offense.

« Le salaire promis au meurtre est doublé pour celui qui livre vivant l'un des proscrits. Ceux-là même dont la tête a été mise à prix sont invités à trahir leurs partisans, par l'offre de semblables récompenses, et par la promesse de l'impunité.

« Cette mesure a pour effet de mettre bientôt les chefs du parti contraire en état de suspicion mutuelle. Ils n'ont plus entre eux ni confiance, ni sûreté; ils se craignent les uns les autres, et cette crainte n'est pas chimérique. Car il est de fait que souvent plusieurs, et surtout le prince, ont été trahis par les hommes en qui ils avaient placé leur plus ferme espérance. Tant l'or a de puissance pour entraîner au crime! Aussi, les Utopiens ne le ménagent-ils pas en cette circonstance. Ils récompensent de la plus généreuse gratitude ceux qu'ils poussent au milieu des dangers de la trahison; et ils ont soin que la grandeur du péril soit largement compensée par la magnificence du bienfait.

« C'est pourquoi ils promettent aux traîtres, non seulement d'immenses sommes d'argent, mais encore la propriété perpétuelle de terres d'un gros revenu, situées en lieu sûr chez leurs *alliés*. Et ils tiennent fidèlement parole.

« Cet usage de trafiquer de ses ennemis, de mettre leurs têtes à l'enchère, est réprouvé partout ailleurs comme une lâcheté cruelle propre seulement aux âmes dégradées. Les Utopiens, eux, s'en glorifient comme d'une action de haute prudence qui termine sans combat les guerres les plus terribles. Ils s'en honorent comme d'une action d'humanité et de miséricorde qui rachète, au prix de la mort d'une poignée de coupables, les vies de plusieurs milliers d'innocents des deux partis, destinés à périr sur le champ de bataille. Car la pitié des Utopiens embrasse les soldats de tous les drapeaux; ils savent que le soldat ne va pas de lui-même à la guerre; mais qu'il y est entraîné par les ordres et les fureurs des princes.

« Si les moyens précédents restent sans effet, nos insulaires sèment et nourrissent la division et la discorde, en donnant au frère du prince ou à quelque autre grand personnage l'espoir de s'emparer du trône.

« Quand les factions intérieures languissent amorties, alors ils excitent les nations voisines de l'ennemi, ils les mettent aux prises avec lui, en exhumant quelqu'un de ces vieux titres dont jamais ne manquent les rois ; en même temps ils promettent du secours à ces nouveaux *alliés*, leur versent l'argent à flots, mais ne leur font passer que fort peu de citoyens.

« Les citoyens sont pour la république d'Utopie le trésor le plus cher et le plus précieux ; la considération que les habitants de l'île ont les uns pour les autres est tellement élevée, qu'ils ne consentiraient pas volontiers à échanger un des leurs contre un prince ennemi. Ils prodiguent l'or sans regret, parce qu'ils ne l'emploient qu'aux usages dont je viens de parler ; parce que personne chez eux ne serait exposé à vivre moins commodément, quand même il leur faudrait dépenser jusqu'à leur dernier écu.

« D'ailleurs, outre les richesses renfermées dans l'île, ils sont encore, je crois vous l'avoir déjà dit, créanciers de plusieurs états, pour d'immenses capitaux. C'est avec une partie de cet argent qu'ils louent des soldats de tout pays, et principalement du pays des *Zapolètes*, qui est situé à l'est de l'Utopie, à une distance de cinq cent mille pas.

« Le *Zapolète*, peuple barbare, farouche et sauvage, ne se plaît qu'au milieu des forêts et des rochers où il a été nourri. Endurci à la peine, il souffre patiemment le froid, le chaud et le travail. Les délices de la vie lui sont inconnues; il néglige l'agriculture, l'art de se bien loger et celui de se bien vêtir. Il ne possède d'autre industrie que le soin des troupeaux, et le plus souvent, il n'a d'autres moyens d'existence que la chasse et le pillage.

« Exclusivement nés pour la guerre, les Zapolètes recherchent et saisissent avidement toutes les occasions de la faire ; alors ils descendent par milliers de leurs montagnes, et vendent à vil prix leurs services à la première nation venue qui en a besoin. Le seul métier qu'ils sachent exercer est celui qui donne la mort ; mais ils se battent bravement et avec une fidélité incorruptible au service de ceux qui les engagent. Jamais ils ne s'enrôlent pour un espace de temps déterminé ; c'est toujours à la condition de passer le lendemain à l'ennemi, si l'ennemi leur offre une plus forte paye ; et de revenir après sous leurs premiers drapeaux, s'ils y trouvent une légère augmentation de solde.

« Il est rare qu'une guerre s'élève en ces contrées, sans qu'il n'y ait des *Zapolètes* dans les deux camps opposés. Aussi, voit-on journellement de très proches parents, des amis étroitement liés pendant qu'ils servaient la même cause, se battre ensuite avec le plus vif acharnement, dès que le hasard les disperse dans les rangs de deux partis contraires. Ils oublient famille, amitié, et s'entre-tuent avec une horrible rage, par la raison que deux souverains ennemis payent leur sang et leur fureur de quelques pièces de menue monnaie. La passion de l'argent est chez eux tellement forte, qu'un sou de plus sur leur solde journalière suffit pour les faire changer de drapeau. Cette passion a dégénéré en une avarice effrénée, et cependant inutile ; car, ce que le *Zapolète* gagne par le sang, il le dépense par la débauche, et la débauche la plus misérable.

« Ce peuple fait la guerre pour les Utopiens, contre tout le monde, parce que nulle autre part il ne trouve meilleure paye. De leur côté, les Utopiens qui recherchent les honnêtes gens pour en user convenablement, engagent très volontiers cette infâme soldatesque pour en abuser et pour la détruire. Quand donc ils ont besoin de *Zapolètes*, ils commencent par les séduire au moyen de brillantes promesses, puis les exposent toujours aux postes les plus dangereux. La plupart y périssent et ne reviennent jamais réclamer ce qu'on leur avait promis ; ceux qui survivent reçoivent exactement le prix convenu, et cette rigide bonne foi les encourage à braver plus tard le péril avec la même audace. Les Utopiens se soucient fort peu de perdre un grand nombre de ces mercenaires, persuadés qu'ils auront bien mérité du genre humain, s'ils peuvent un jour purger la terre de cette race impure de brigands.

« Outre les *Zapolètes*, les Utopiens emploient encore, en temps de guerre, les troupes des états dont ils prennent la défense, puis les légions auxiliaires de leurs autres *alliés*; enfin leurs propres concitoyens, parmi lesquels ils choisissent un homme de talent et de cœur pour le mettre à la tête de toute l'armée.

« Ce général en chef a sous lui deux lieutenants, qui n'ont aucun pouvoir, tant qu'il est en état de commander. Dès que le général est tué ou pris, aussitôt l'un de ses deux lieutenants lui succède comme par droit d'hérédité, et ce dernier est à son tour remplacé par un troisième. Il suit de là que les dangers personnels du général, exposé comme un autre à tous les hasards de la guerre, ne peuvent jamais compromettre le salut de l'armée.

« Chaque cité lève et exerce des troupes parmi ceux qui s'engagent volontairement. Personne n'est enrôlé malgré soi dans la milice, pour les expéditions lointaines, par la raison qu'un soldat naturellement peureux, au lieu de se comporter bravement, ne peut qu'inspirer à ses camarades sa propre lâcheté. Néanmoins, en cas d'invasion, en cas de guerre à l'intérieur, l'on utilise tous les poltrons robustes et valides, en mêlant les uns avec de meilleurs soldats à bord des vaisseaux de l'état; et en disséminant les autres dans les places fortes. Là, pas de retraite; l'ennemi est à deux pas, la fuite est impossible, et les camarades vous regardent. Cette position extrême étouffe la crainte de la mort; et souvent l'excès du danger fait un lion du plus lâche des hommes.

« Si la loi ne contraint personne de marcher contre son gré à la frontière, elle permet aux femmes, qui le veulent bien, de suivre leurs maris à l'armée. Loin d'y mettre obstacle, on les y exhorte fortement, et c'est pour elles un brillant titre d'honneur. Durant le combat, les époux sont placés au même poste, entourés de leurs fils, de leurs alliés et de leurs proches ; afin que ceux-là se prêtent un mutuel et rapide secours, qui sont portés de nature à se protéger les uns les autres, avec la plus ardente énergie.

« Le déshonneur et l'infamie attendent l'époux qui revient sans sa femme, le fils qui revient sans son père. Aussi, quand les Utopiens sont forcés d'en venir aux mains, et que l'ennemi résiste, une longue et lugubre mêlée précipite le carnage et la mort. Ils cherchent de tout leur pouvoir à ne pas s'exposer eux-mêmes au combat, et à terminer la guerre au moyen des auxiliaires qu'ils tiennent à leur solde. Mais s'il y a pour eux nécessité absolue d'en venir aux mains, leur intrépidité, dans l'action, n'est pas moindre que leur prudence à l'éviter, tant que cela était possible.

« Ils ne jettent pas tout leur feu au premier

choc. La résistance et la longueur d'une bataille fortifient peu à peu leur courage, et l'exaltent à ce point qu'on les tuerait plutôt que de les faire reculer.

« Ce qui leur inspire cette valeur sublime, ce mépris de la mort et de la victoire, c'est la certitude de trouver toujours chez eux de quoi vivre parfaitement, sans éprouver aucune inquiétude sur le sort de leur famille, inquiétude qui partout ailleurs brise les âmes les plus généreuses. Ce qui accroît encore leur confiance, c'est leur habileté extrême dans la tactique militaire ; c'est enfin et par dessus tout, l'excellente éducation qu'ils puisent dès l'enfance, dans les écoles et les institutions de la république. De bonne heure, ils apprennent à ne pas dédaigner assez la vie, pour la prodiguer étourdiment ; mais aussi, à ne pas l'aimer assez pour la retenir avec une honteuse avarice, quand l'honneur veut qu'on l'abandonne.

« Au plus fort de la mêlée, une troupe de jeunes gens d'élite, conjurés et dévoués à la mort, poursuit à outrance le chef de l'armée ennemie. Ils l'attaquent par surprise ou à découvert, de près ou de loin. Cette petite troupe disposée en long triangle, ne prend ni halte ni repos. Continuellement, on la renouvelle avec des recrues toutes fraîches qui remplacent les soldats fatigués, et il est rare qu'elle ne réussisse pas à tuer le général ennemi, ou à le faire prisonnier, à moins qu'il ne se dérobe par la fuite.

« Les Utopiens une fois victorieux ne massacrent pas inutilement les vaincus. Ils aiment mieux prendre que tuer les fuyards, et jamais ils ne les poursuivent, sans tenir en même temps un corps de réserve rangé en bataille sous ses drapeaux. Excepté le cas où, les premières lignes enfoncées, l'arrière-garde emporte la victoire, ils laisseraient échapper tous les ennemis plutôt que de courir après, et d'habituer le soldat à rompre ses rangs en désordre. Ils se souviennent que mainte fois ils ont dû leur salut à cette tactique.

« En effet, souvent l'ennemi, après avoir

mis en déroute complète le gros de l'armée utopienne, se rua sans ordre, enivré par le succès, à la poursuite des fuyards. Alors une faible réserve, attentive aux occasions, put rapidement changer la face du combat, en attaquant les vainqueurs à l'improviste, tandis qu'ils se dispersaient çà et là, en négligeant toute précaution par excès de confiance. Ainsi la victoire la plus certaine fut quelquefois arrachée aux mains qui la tenaient, et les vaincus battirent à leur tour les vainqueurs.

« Il est difficile d'affirmer si les Utopiens sont plus habiles à dresser des embûches que prudents à les éviter. Vous croiriez qu'ils préparent une fuite, quand ils méditent tout le contraire; et réciproquement, s'ils avaient le dessein de fuir, vous ne pourriez le deviner. Lorsqu'ils se sentent trop inférieurs en position ou en nombre, ils décampent de nuit dans un profond silence, ou bien ils éludent le péril par quelque autre stratagème. Quelquefois, ils se retirent en plein jour, mais en si bon ordre, qu'il n'est pas moins dangereux de les attaquer pendant leur retraite, que lorsqu'ils offrent eux-mêmes la bataille.

« Ils ont grand soin de fortifier leur camp par des fossés larges et profonds ; les déblais sont rejetés à l'intérieur. Ces constructions ne sont pas livrées à des manœuvres, mais aux soldats eux-mêmes ; toute l'armée y travaille, excepté les sentinelles qui veillent en armes autour du camp, prêtes à faire avorter un coup de main. Par ce moyen, et avec autant de travailleurs, l'on voit s'achever rapidement, et en sûreté, de puissantes fortifications qui embrassent une immense étendue de terrain.

« Les armes défensives des Utopiens sont très solides, et cependant elles se prêtent si bien à toute sorte de mouvements et de gestes, qu'elles n'embarrassent pas même le soldat à la nage. L'un des premiers exercices militaires que l'on apprend aux soldats d'Utopie est celui de nager armés. Ils combattent de loin avec le javelot qu'ils lancent vigoureusement et à coup sûr, cavaliers comme fantassins ; et de près, au lieu de se servir d'épées, ils frappent avec des haches, dont le tranchant ou le poids donnent inévitablement la mort, quelle que soit la direction du coup. Ils sont extrêmement ingénieux à inventer des machines de guerre ; et les nouvelles machines restent soigneusement cachées jusqu'au moment d'être mises en usage, de peur qu'étant connues auparavant, elles ne deviennent un jouet ridicule plutôt qu'un objet d'utilité réelle. Ce que l'on recherche le plus dans leur fabrication, c'est la facilité du transport et l'aptitude à se tourner dans tous les sens.

« Les Utopiens observent si religieusement les trêves conclues avec l'ennemi, qu'ils ne les violent pas même en cas de provocation. Ils ne ravagent pas les terres du pays conquis ; ils ne brûlent pas ses moissons ; ils vont jusqu'à empêcher, autant que cela est possible, qu'elles ne soient foulées sous les pieds des hommes et des chevaux, pensant qu'ils en auront besoin peut-être un jour.

« Jamais ils ne maltraitent un homme sans

armes, à moins qu'il ne soit espion. Ils conservent les villes qui se rendent, et ne livrent pas au pillage celles qu'ils prennent d'assaut. Seulement, ils tuent les principaux chefs qui ont mis obstacle à la reddition de la place, et ils condamnent à l'esclavage le reste de ceux qui ont soutenu le siége. Quant à la foule indifférente et paisible, il ne lui est fait aucun mal. S'ils apprennent qu'un ou plusieurs assiégés aient conseillé la capitulation, ils leur donnent une part des biens des condamnés; l'autre part est pour les troupes auxiliaires. Eux ne prennent rien du butin.

« La guerre finie, ce ne sont pas les *alliés*, en faveur desquels cette guerre avait été entreprise, qui en supportent les frais ; ce sont les vaincus. En vertu de ce principe, les Utopiens exigent de ces derniers d'abord de l'argent, qu'ils emploient aux usages que vous connaissez en cas de guerre à venir; en second lieu, la cession de vastes domaines situés sur le territoire conquis, domaines qui rapportent à la république de très gros revenus.

« Actuellement, cette république a, en plusieurs pays de l'étranger, d'immenses revenus de cette espèce, qui, naissant peu à peu de causes diverses, donnent annuellement plus de sept cent mille ducats. Sur ces propriétés, l'état envoie des citoyens revêtus du titre de *questeurs;* ceux-ci vivent magnifiquement, mènent grand train, et versent encore de fortes sommes au trésor. Souvent aussi, les Utopiens prêtent le produit de ces propriétés au peuple du pays où elles se trouvent, en attendant qu'il y ait nécessité d'en disposer eux-mêmes. Il est rare qu'ils en réclament le remboursement total. Une partie de ces domaines est affectée à ceux qui, cédant à la séduction, affrontent les périls dont je vous ai parlé.

« Dès qu'un prince a pris les armes contre l'Utopie et se prépare à envahir une des terres de sa domination, aussitôt les Utopiens rassemblent une armée formidable, et l'envoient attaquer l'ennemi hors des frontières. Ce n'est qu'à la dernière extrémité que nos insulaires font la guerre chez eux ; et il n'y a pas de nécessité au monde qui puisse les contraindre de faire entrer dans l'île un secours de troupes étrangères.

DES RELIGIONS DE L'UTOPIE.

« Les religions, en Utopie, varient non seulement d'une province à l'autre, mais encore dans les murs de chaque ville en particulier; ceux-ci adorent le soleil, ceux-là divinisent la lune ou toute autre planète. Quelques uns vénèrent comme Dieu suprême, un homme dont la gloire et la vertu jetèrent autrefois un vif éclat.

« Néanmoins, la plus grande partie des habitants, qui est aussi la plus sage, rejette ces idolâtries, et reconnaît un seul Dieu, éternel, immense, inconnu, inexplicable, au dessus des perceptions de l'esprit humain, remplissant le monde entier de sa toute-puissance, et non de son étendue corporelle. Ce Dieu, ils l'appellent *Père;* c'est à lui qu'ils rapportent les origines, les accroissements, les progrès, les révolutions, et les fins de toutes choses. C'est à lui seul qu'ils rendent les honneurs divins.

« Au reste, malgré la diversité de leurs croyances, tous les Utopiens conviennent en ceci : « Qu'il existe un être suprême, à la fois Créateur et Providence. » Cet être est désigné dans la langue du pays par le nom commun de *Mythra*. La dissidence consiste en ce que *Mythra* n'est pas le même pour tous. Mais, quelle que soit la forme que chacun affecte à son Dieu, chacun adore sous cette forme la nature majestueuse et puissante, à qui seule appartient, du consentement général des peuples, le souverain empire de toutes choses.

« Cette variété de superstitions tend de jour en jour à disparaître et à se résoudre en une religion unique, qui paraît beaucoup plus raisonnable. Il est même probable que la fusion serait déjà opérée, sans les malheurs imprévus et personnels qui viennent mettre obstacle à la conversion d'un grand nombre ; plusieurs, au lieu d'attribuer au hasard les accidents de ce genre, les interprètent, dans leur terreur superstitieuse, comme un effet de la colère céleste, comme une vengeance que le Dieu, dont ils s'apprêtent à délaisser le culte, tire de leur apostasie.

« Cependant, quand ils eurent appris de nous le nom du Christ, sa doctrine, sa vie, ses miracles, l'admirable constance de tant de martyrs, dont le sang volontairement versé a soumis sous la loi de l'Évangile la plupart des nations de la terre; vous ne sauriez croire avec quel affectueux penchant ils reçurent cette révélation. Peut-être Dieu agissait-il secrètement dans leur âme; peut-être le Christianisme leur parut-il en tous points conforme à la secte qui obtient chez eux la plus grande faveur.

« Ce qui, à mon avis, contribua surtout à leur inspirer ces heureuses dispositions, ce fut le récit de la vie commune des premiers apôtres, si chère à Jésus-Christ, et actuellement encore en usage dans les sociétés des vrais et parfaits Chrétiens.

« Quoi qu'il en soit, beaucoup d'entre eux embrassèrent notre religion et furent purifiés par l'eau sainte du baptême; malheureusement, parmi nous quatre (la mort de deux de nos compagnons nous avait réduits à ce nombre), pas un n'était prêtre. Ils ne purent donc, quoique initiés au reste des mystères, recevoir les sacrements que les prêtres chez nous ont seuls pouvoir de conférer; néanmoins, ils ont une idée fort exacte de ces sacrements, et même ils les désirent de telle sorte que je les entendis agiter avec la plus grande chaleur la question de savoir : si un citoyen choisi par eux ne pourrait pas acquérir le caractère *de prêtre*. A mon départ, ils n'avaient encore élu personne, mais ils paraissaient résolus à le faire.

« Les habitants de l'île, qui ne croient pas au christianisme, ne s'opposent point à sa propagation, et ne maltraitent en aucune façon les nouveaux convertis. Un seul de nos néophytes fut arrêté en ma présence. Récemment baptisé, il prêchait en public, malgré nos conseils, avec plus de zèle que de prudence. Entraîné par sa bouillante ferveur, il ne se contentait pas d'élever au premier rang la religion chrétienne, il damnait incontinent toutes les autres, vociférant contre leurs mystères qu'il traitait de profanes, contre leurs sectateurs qu'il maudissait comme des impies et des sacriléges dignes de l'enfer. Ce néophyte, après avoir déclamé longtemps sur ce ton-là, fut arrêté, non pas sous la prévention d'outrage au culte, mais comme ayant excité du tumulte parmi le peuple. Il passa en jugement et fut condamné à l'exil.

« Les Utopiens mettent au nombre de leurs institutions les plus anciennes celle qui prescrit de ne faire tort à personne pour sa religion. Utopus, à l'époque de la fondation de l'empire, avait appris qu'avant son arrivée, les indigènes étaient en guerre continuelle au sujet de la religion. Il avait aussi remarqué que cette situation du pays lui en avait puissamment facilité la conquête, parce que les sectes dissidentes, au lieu de se réunir en masse, combattaient isolées et à part. Dès qu'il fut victorieux et maître, il se hâta de décréter la liberté de religion. Cependant, il ne proscrivit pas le prosélytisme qui propage la foi au moyen du raisonnement, avec douceur et modestie; qui ne cherche pas à détruire par la force brutale la religion contraire, s'il ne réussit pas à persuader; qui enfin n'emploie ni la violence, ni l'injure. Mais l'intolérance et le fanatisme furent punis de l'exil ou de l'esclavage.

« Utopus, en décrétant la liberté religieuse, n'avait pas seulement en vue le maintien de la paix que troublaient naguère des combats continuels et des haines implacables; il pensait encore que l'intérêt de la religion elle-même commandait une pareille mesure. Jamais il n'osa rien statuer témérairement en matière de foi, incertain si Dieu n'inspirait pas lui-même aux hommes des croyances diverses, afin d'éprouver, pour ainsi dire, cette grande multitude de cultes variés. Quant à l'emploi de la violence et des menaces pour contraindre un autre à croire comme soi, cela lui parut tyrannique et absurde. Il prévoyait que si toutes les religions étaient fausses, à l'exception d'une seule, le temps viendrait où, à l'aide de la douceur et de la raison, la vérité se dégagerait elle-même, lumineuse et triomphante, de la nuit de l'erreur.

« Au contraire, lorsque la controverse se fait en tumulte et les armes à la main, comme les plus méchants hommes sont les plus entêtés, il arrive que la meilleure et la plus sainte religion finit par être enterrée sous une foule de superstitions vaines, ainsi qu'une belle moisson sous les ronces et les broussailles. Voilà pourquoi Utopus laissa à chacun liberté entière de conscience et de foi.

« Néanmoins, il flétrit sévèrement, au nom de la morale, l'homme qui dégrade la dignité de sa nature, au point de penser que l'âme meurt avec le corps, ou que le monde marche au hasard, et qu'il n'y a point de providence.

« Les Utopiens croient donc à une vie future, où des châtiments sont préparés au crime et des récompenses à la vertu. Ils ne donnent pas le nom d'homme à celui qui nie ces vérités, et qui ravale la nature sublime de son âme à la vile condition d'un corps de bête ; à plus forte raison ne l'honorent-ils pas du titre de citoyen, persuadés que s'il n'était pas enchaîné par la crainte, il foulerait aux pieds, comme un flocon de neige, les mœurs et les institutions sociales. Qui peut douter, en effet, qu'un individu qui n'a d'autre frein que le code pénal, d'autre espérance que la matière et le néant, ne se fasse un jeu d'éluder adroitement et en secret les lois de son pays, ou de les violer par la force, pourvu qu'il contente sa passion et son égoïsme?

« A ces matérialistes, on ne rend aucun honneur, on ne communique aucune magistrature, aucune fonction publique. On les méprise comme des êtres d'une nature inerte et impuissante. Du reste, on ne les condamne à aucune peine, dans la conviction qu'il n'est au pouvoir de personne de sentir suivant sa fantaisie. On n'emploie pas non plus la menace pour les contraindre de dissimuler leur opinion. La dissimulation est proscrite en Utopie, et le mensonge y est en horreur, comme touchant de très près à la fourberie. Seulement, il leur est interdit de soutenir leurs principes en public auprès du vulgaire; mais ils peuvent le faire en particulier avec les prêtres et d'autres graves personnages. On les engage même fortement à des conférences de ce genre, dans l'espoir que leur délire cédera enfin à la raison.

« Grand nombre d'Utopiens professent un système diamétralement opposé au matérialisme; et comme leurs idées ne sont ni dangereuses, ni tout à fait dépourvues de bon sens, on n'empêche pas leur propagation. Ces derniers, tombant dans un excès contraire, prétendent que les âmes des bêtes sont immortelles comme les nôtres, quoique bien inférieures sous le double rapport de la dignité et du bonheur qui leur est destiné.

« Tous les Utopiens, à part une très faible minorité, ont la conviction intime qu'une félicité immense attend l'homme au delà du tombeau. C'est pourquoi, ils pleurent sur les malades, jamais sur les morts ; excepté le cas où le moribond quitte la vie inquiet et malgré lui. La crainte de la mort est pour eux d'un mauvais augure ; il leur semble qu'il n'y a que des âmes sans espoir et dont la conscience est coupable qui puissent trembler devant l'éternité, comme si elles sentaient déjà s'avancer leur supplice. En outre, Dieu, suivant leur opinion, ne reçoit pas avec plaisir l'homme qui n'accourt pas de bon cœur à sa voix, mais que la mort traîne en sa présence tout rebelle et chagrin.

« Ceux qui voient quelqu'un mourir ainsi en ont horreur ; ils enlèvent le défunt, tristes et en silence ; puis, après avoir supplié la divine clémence de lui pardonner ses faiblesses, ils enterrent son cadavre.

« Personne, au contraire, ne pleure un citoyen qui sait mourir gaiement et plein d'espoir. Des chants de joie accompagnent ses funérailles ; l'on recommande à Dieu son âme avec ferveur, et l'on brûle son corps avec respect, mais sans affliction. Sur le lieu de la sépulture s'élève une colonne qui porte gravés les titres du défunt. Ses amis, revenus chez eux, s'entretiennent de ses actions et de ses mœurs; et ce qu'ils se plaisent à raconter le plus souvent, c'est l'histoire de son glorieux trépas.

« Ces honneurs adressés à la mémoire des gens de bien sont, aux yeux de nos insulaires, un encouragement efficace à la vertu, et de plus un culte infiniment agréable aux morts. Car, les morts, d'après les préjugés de la plupart des Utopiens, assistent aux entretiens des vivants, quoiqu'invisibles à la courte vue des mortels. Il ne conviendrait pas au sort des bienheureux de n'être pas libres de se transporter où bon leur semble; et l'on pourrait justement les accuser d'ingratitude, s'ils étaient indifférents au désir de revoir des amis qui leur étaient unis sur la terre par les liens de l'amour et de la charité. Mais, il ne saurait en être ainsi, puisque l'amour et la charité, loin de s'éteindre après la mort, dans le cœur des élus, doivent probablement s'y accroître, comme toutes les autres perfections. Par conséquent, suivant les idées utopiennes, les morts se mêlent à la société des vivants, et sont témoins de leurs actions et de leurs discours. Cette foi à la présence des ancêtres inspire à ce peuple une confiance extrême dans ses entreprises, car elle lui assure la protection et l'appui de puissants défenseurs; de plus, elle empêche une foule de crimes cachés.

« Quant aux augures et autres moyens superstitieux de divination si fort en usage chez les autres nations, nos insulaires les rejettent et s'en moquent.

« Ils vénèrent les miracles qui arrivent sans le concours des lois de la nature, les regardant comme des œuvres qui attestent la présence de la divinité. Ils affirment même que plusieurs miracles ont été opérés dans leur pays; et que souvent, au milieu de crises dangereuses, les prières publiques et une grande foi ont obtenu des prodiges qui ont sauvé l'empire.

« Ils croient que contempler l'univers, et

louer l'auteur des merveilles de la création, est un culte agréable à Dieu.

« Cependant, il se trouve parmi eux une classe nombreuse de citoyens qui, par esprit de religion, négligent la science, dédaignent de s'appliquer à la connaissance des choses, renoncent enfin à toute espèce de contemplation et de loisir. Ces hommes cherchent à mériter le ciel uniquement par la vie active et par de bons offices envers le prochain. Les uns soignent les malades; les autres réparent les routes et les ponts, nettoient les canaux, nivellent les terrains, tirent des carrières la pierre et le sable, abattent et coupent les arbres, portent aux villes, sur des charrettes à des chevaux, le bois, le grain, les fruits et les autres denrées de la campagne.

« Non seulement ils travaillent pour le public, mais ils se mettent encore au service des particuliers, comme de simples domestiques, plus soumis et plus empressés que l'esclave. Ils se chargent de bon cœur et avec plaisir des plus sales besognes, des ouvrages les plus rudes et les plus difficiles, où la peine, le dégoût et le désespoir épouvantent la plupart des hommes. Ils se livrent sans relâche au travail et à la fatigue, afin de procurer à autrui du travail et du repos. Et pour tout cela, ils n'exigent aucune reconnaissance. Ils ne censurent pas la vie des autres, et ne se glorifient nullement de tout le bien qu'ils font. Plus ils s'abaissent par dévouement au niveau de l'esclave, plus ils s'élèvent en honneur dans l'estime publique.

« Cette classe d'hommes dévoués se divise en deux sectes :

« Les uns renoncent au mariage. Non seulement ils s'abstiennent du commerce des femmes, mais encore ils rejettent l'usage de la viande, et quelques uns même celui de la chaire de tous les animaux, sans exception. Ils se privent de tous les plaisirs de cette vie, comme étant choses dangereuses ; ils n'aspirent qu'à mériter les délices de la vie future à force de veilles et de sueurs. L'espoir de goûter bientôt ces délices les rend allègres et vigoureux.

« Les autres, non moins affamés de travail, préfèrent l'état de mariage, dont ils apprécient les obligations et les douceurs. Ils pensent qu'ils se doivent à la nature et qu'ils doivent des enfants à la patrie. Ils ne fuient pas les plaisirs, pourvu que ces plaisirs ne les distraient pas du travail. Ils mangent la chair des quadrupèdes, afin de se rendre plus robustes et plus capables de supporter la fatigue.

« Les Utopiens croient ces derniers plus sages et les premiers plus saints. Si, néanmoins, ceux qui préfèrent le célibat au mariage, la peine au repos, appuyaient cette conduite sur le bon sens et la raison, les Utopiens en riraient de pitié. Mais ils professent à l'égard de ces hommes extraordinaires une vive admiration et un profond respect, parce que la religion est le mobile de leur dévouement et parce que l'on se garde scrupuleusement en Utopie de rien décider en matière de religion. Ces rigides sectaires s'appellent *Buthresques* dans la langue du pays ; cette dénomination répond chez nous à celle de *religieux*.

« Les prêtres d'Utopie sont d'une sainteté éminente, et par conséquent en fort petit nombre; car chaque cité n'en a que treize attachés au service d'un pareil nombre de temples. Cependant, il faut excepter le cas de guerre; alors sept prêtres accompagnent l'armée, et l'on est obligé d'en nommer sept autres à leur place. Les titulaires reprennent leurs fonctions dès qu'ils sont de retour. Les suppléants succèdent par ordre aux anciens, au fur et à mesure que ceux-ci viennent à mourir; en attendant ils assistent le *pontife*. Dans chaque ville il y a un *pontife* au dessus des autres prêtres.

« Les prêtres, comme les autres magistrats, sont élus par le peuple au scrutin secret, afin d'éviter l'intrigue; le collége sacerdotal de la cité consacre les nouveaux élus. Ils président aux choses divines, veillent sur les religions, et sont en quelque sorte les censeurs des mœurs. Il est honteux d'être cité à comparaître devant eux et de recevoir leurs reproches; c'est une marque de vie peu régulière. Du reste, s'ils ont le droit de conseil et de réprimande, il n'appartient qu'au prince et aux magistrats de faire arrêter et de poursuivre criminellement les coupables. Le pouvoir du prêtre se borne à interdire les sacrés mystères aux hommes d'une perversité scandaleuse. Il n'y a guère de supplice qui fasse plus d'horreur aux Utopiens que cette excommunication; elle les note d'infamie, torture leur conscience de mille craintes religieuses, et même elle ne les laisse pas tranquilles sur la sûreté de leurs personnes; puisque, s'ils ne se hâtent de donner aux prêtres des marques de vrai repentir, le sénat les fait arrêter et leur applique la peine des impies.

« L'éducation de l'enfance et de la jeunesse est confiée au sacerdoce, qui donne ses premiers soins à l'enseignement de la morale et de la vertu, plutôt qu'à celui de la science et des lettres. L'instituteur en Utopie emploie tout ce qu'il a d'expérience et de talent à graver dans l'âme encore tendre et impressionnable de l'enfant les bons principes qui sont la sauvegarde de la république. L'enfant qui a reçu le germe de ces principes le garde pendant toute sa carrière d'homme, et devient plus tard un élément utile à la conservation de l'État. C'est le vice qui dissout les empires, et le vice est engendré par les opinions mauvaises.

« Les prêtres choisissent leurs femmes dans l'élite de la population. Les femmes elles-mêmes ne sont pas exclues du sacerdoce, pourvu qu'elles soient veuves et d'un âge avancé.

« Il n'est pas de magistrature plus honorée que le sacerdoce. La vénération que l'on porte aux prêtres est tellement profonde que si quelqu'un d'entre eux commet une infamie, il ne comparaît pas en justice, on l'abandonne à Dieu et à sa conscience. Les Utopiens ne croient pas qu'il soit permis de toucher d'une main mortelle celui qui a été consacré à Dieu comme une offrande sainte, comme une chose inviolable et séparée.

« Cette coutume est d'autant plus facile à pratiquer, que les prêtres sont en très petit nombre, et ne sont élus qu'avec les plus grandes précautions. Alors il doit être extrêmement rare qu'un homme élevé à une si haute dignité, à cause de sa vertu et parce qu'il était le meilleur parmi les bons, vienne à tomber dans le vice et la dépravation. Et quand un pareil scandale arriverait (car la nature est fragile et muable), la sûreté de l'état ne serait jamais gravement compromise par une classe aussi peu nombreuse, qui ne possède que de brillants honneurs, sans influence ni pouvoir.

« Les Utopiens ont pour but, en limitant à un faible chiffre le nombre des prêtres, de ne pas avilir la dignité d'un ordre qui jouit actuellement de la plus haute considération, en communiquant cette dignité à un grand nombre d'individus. La raison principale est qu'il leur semble difficile de rencontrer beaucoup d'hommes qui soient dignes de remplir une fonction dont l'exercice demande une perfection plus qu'ordinaire.

« Les prêtres d'Utopie ne sont pas moins estimés des nations étrangères que de leurs propres concitoyens. En voici l'explication et la cause :

« Pendant les combats, les prêtres retirés à l'écart, mais non loin du champ de bataille, prient à genoux, les mains levées vers le ciel, et revêtus de leurs habits sacrés. Ils implorent la paix avant tout, puis la victoire pour leur pays, mais une victoire qui ne soit sanglante pour aucun des deux partis. Si leurs concitoyens sont vainqueurs, ils s'élancent au plus fort de la mêlée et arrêtent le massacre des vaincus. Le malheureux qui, à leur approche, les voit et les appelle conserve sa vie ; celui qui peut toucher leurs robes longues et flottantes conserve sa fortune avec sa vie.

« Cette belle conduite a fait rejaillir tant de majesté vraie sur leur caractère, et inspire aux peuples voisins tant de vénération pour leurs personnes, que souvent leur intervention n'a pas été moins salutaire aux Utopiens eux-mêmes qu'aux armées ennemies. En effet, il est quelquefois arrivé aux troupes utopiennes de plier et de fuir, après avoir perdu tout espoir ; or, il est constant qu'à l'heure où l'ennemi se ruait au meurtre et au pillage, la médiation des prêtres suspendit le carnage, sépara les combattants, et parvint à faire conclure et régler la paix à des conditions raisonnables. Jamais, dans ces contrées, il n'y a eu de peuple assez farouche, assez cruel et barbare, pour n'avoir pas respecté les prêtres d'Utopie comme un corps inviolable et sacré.

« Les Utopiens célèbrent une fête les premiers et derniers jours du mois et de l'année. Ils partagent l'année en mois lunaires et la mesurent par la révolution du soleil. Ces premiers et derniers jours s'appellent *cynemerne* et *trapemerne* dans la langue utopienne, noms qui reviennent à peu près à ceux de *primifète* et *finifète*.

« L'on peut visiter en Utopie des temples magnifiques, d'une riche structure et d'une étendue capable de contenir une immense multitude, ce qui était nécessaire à cause de leur petit nombre. Une demi-obscurité y voile l'éclat du grand jour; cette disposition ne vient pas de l'ignorance des architectes; elle a été adoptée à dessein et sur l'avis des prêtres. La raison en est qu'une lumière excessive éparpille les idées, tandis qu'un jour faible et douteux recueille les esprits, développe et exalte le sentiment religieux.

« Quoique les Utopiens ne professent pas la même religion, cependant tous les cultes de ce pays, dans leur multiple variété, convergent par des routes diverses à un même but, qui est l'adoration de la nature divine. C'est pourquoi l'on ne voit et l'on n'entend rien dans les temples qui ne convienne à toutes les croyances en commun. Chacun célèbre chez soi, en famille, les mystères particuliers à sa foi. Le culte public est organisé de manière à ne contredire en rien le culte domestique et privé. L'on ne voit dans les temples aucune image des dieux, afin qu'il soit libre à chacun de concevoir la Divinité sous la forme qui convient à sa croyance. L'on n'y invoque jamais Dieu sous un autre nom que celui de *Mythra*, terme qui exprime en général l'essence de la majesté divine, quelle que soit cette essence. L'on n'y récite aucune prière que chacun ne puisse répéter sans blesser sa conscience religieuse.

« Les jours de *finifète*, le peuple se réunit dans les temples, sur le soir et encore à jeun. Là, il remercie Dieu de ses bienfaits pendant l'année ou le mois dont la présente fête est le dernier jour. Le lendemain, jour de *primifète*, la foule remplit les temples dès le matin, et va demander au ciel un heureux avenir durant l'année ou le mois qu'inaugure cette solennité.

« Les jours de *finifète*, avant d'aller au temple, les femmes se jettent aux pieds de leurs maris, les enfants aux pieds de leurs parents. Ainsi prosternés, ils avouent leurs péchés d'action et ceux de négligence dans l'accomplissement de leurs devoirs, puis ils demandent le pardon de leurs erreurs. Au moyen de cette confession en famille, de cette satisfaction pieuse, les nuages de haine qui obscurcissaient la paix domestique sont bientôt dissipés, et tout le monde alors peut assister aux sacrifices, avec une âme calme et pure, car les Utopiens se feraient scrupule d'y assister la haine et le trouble dans le cœur. Si leur conscience était chargée d'une colère ou d'un ressentiment, ils n'oseraient jamais participer à la célébration des mystères, avant d'être réconciliés et d'avoir purifié leurs affections. Ils craignent que Dieu ne tire une vengeance terrible de cette impiété.

« Dans le temple les hommes sont à droite, les femmes à gauche et à part. Les places sont distribuées de manière que les individus de chacun des deux sexes soient respectivement assis devant le père et la mère de leur famille. Cela est ordonné ainsi, afin que les chefs de famille puissent observer la conduite, au dehors, de ceux qu'ils instruisent et gouvernent au dedans. On a soin de disséminer les plus jeunes parmi les plus âgés, afin que les enfants n'étant plus ensemble ne perdent pas en puériles inepties le temps qu'ils doivent employer à se pénétrer de la crainte religieuse des dieux; crainte qui est, à cet âge, le plus pressant et peut-être le seul aiguillon capable de stimuler à la vertu.

« Les Utopiens n'immolent pas d'animaux dans leurs sacrifices. Ils pensent que la clémence divine qui a donné la vie aux êtres animés pour qu'ils vivent, ne peut se réjouir à la vue du sang et du meurtre. Ils font brûler de l'encens, d'autres parfums, et des bougies en grand nombre. Ils savent bien que la nature divine n'a pas besoin de ces choses, pas plus qu'elle n'a besoin des prières des hommes; mais ils aiment à rendre à Dieu ce culte de paix. D'ailleurs, je ne sais comment, sous l'influence de ces lumières, de ces parfums, de ces cérémonies, l'homme sent élever son âme, et avec quelle ferveur il se livre à l'adoration du Tout-Puissant.

« Le peuple, dans le temple, est vêtu de blanc; le prêtre porte un vêtement de diverses couleurs, admirable de travail et de forme, quoique la matière n'en soit pas très précieuse.

La robe du prêtre n'est ni brochée d'or, ni assujettie par des pierreries ; c'est un tissu de plumes d'oiseaux, disposées avec tant d'art et de goût, que la plus riche matière resterait au dessous de ce merveilleux travail. En outre, ces ailes et ces plumes, l'ordre déterminé de leur arrangement dans l'habit du prêtre, sont autant de symboles qui contiennent des mystères cachés. Les sacrificateurs conservent et communiquent fidèlement l'interprétation de ces symboles, dont la vue rappelle sans cesse aux Utopiens les bienfaits de Dieu à leur égard, la reconnaissance qu'ils lui doivent en retour, et les devoirs qu'ils ont à remplir les uns envers les autres.

« Dès que le prêtre revêtu de ses ornements s'offre à l'entrée du sanctuaire, tout le monde se prosterne contre terre, avec respect et avec un silence tellement profond, que ce spectacle frappe l'âme d'une sorte de terreur, comme si un Dieu apparaissait dans le temple. Après quelques instants, un signal du prêtre fait relever tout le monde. Alors les assistants commencent à chanter les louanges de Dieu, et des symphonies d'instruments de musique interrompent ces chants par intervalles.

« Les instruments de la musique utopienne ont en grande partie d'autres formes que celles que nous voyons chez nous. La plupart sont plus harmonieux que les nôtres, et quelques uns ne peuvent pas même leur être comparés. Mais ce qui donne à la musique utopienne, soit instrumentale, soit vocale, une supériorité incontestable, c'est qu'elle imite et qu'elle exprime toutes les affections de la nature avec une rare perfection. Les Utopiens accommodent si bien le son à la chose, ils peignent si vivement les supplications de la prière, la joie et la pitié, le trouble, le deuil et la colère ; en un mot, la forme de leur mélodie représente avec une telle vérité les sentiments les plus intimes, que l'âme de l'auditeur en est merveilleusement émue, pénétrée, enflammée.

« A la fin de l'office, le peuple et le prêtre récitent ensemble des prières solennelles formulées en termes déterminés par la loi, et de manière que chacun puisse rapporter à soi ce que tous récitent en commun.

« Dans ces prières les assistants reconnaissent Dieu pour l'auteur de la création, de la conservation, et de tous les biens ; ils lui rendent grâces des nombreux bienfaits qu'ils en ont reçus. Ils remercient Dieu, en particulier, de les avoir fait naître, par une faveur insigne, au sein de la république la plus heureuse, et de la religion qui leur semble être la véritable. Néanmoins, si cette croyance était une erreur, s'il existait un gouvernement et un culte meilleurs, plus agréables à l'Eternel, ils supplient sa divine bonté de leur faire une révélation à cet égard, se déclarant prêts à suivre en tout sa volonté. Mais, au contraire, si le culte et le gouvernement de l'Utopie sont les plus parfaits, alors ils demandent à Dieu qu'il leur accorde la force de persévérer, et qu'il amène le reste des hommes aux mêmes institutions religieuses et sociales; à moins que, dans ses desseins impénétrables, il ne prenne plaisir à cette grande diversité de religions. Enfin, ils supplient la miséricorde divine de les recevoir en paix, à la suite d'une mort facile et douce. Ils n'osent pas demander au ciel de prolonger ou d'abréger la durée de leur vie ; mais ce qu'ils disent à Dieu, sans craindre d'offenser sa majesté, c'est qu'ils aimeraient mieux aller à lui par la mort la plus pénible, que d'être longtemps privés de sa présence par la plus heureuse vie.

« Cette prière achevée, tout le monde se prosterne de nouveau, et se relève quelques moments après pour aller dîner. Le reste du jour est employé à des jeux et à des exercices militaires. . . . .

. . . .

« J'ai essayé, continua Raphaël, de vous décrire la forme de cette république, que je crois être non seulement la meilleure, mais encore la seule qui puisse s'arroger à bon droit le nom de *république*. Car, partout ailleurs, ceux qui parlent d'intérêt général ne songent qu'à leur intérêt personnel ; tandis que là où l'on ne possède rien en propre tout le monde s'occupe sérieusement de la chose publique, parce que le bien particulier se confond réellement avec le bien général. Ailleurs, quel est l'homme qui ne sache que, s'il néglige ses propres affaires, quelque florissante que soit la république, il n'en mourra pas moins de faim? De là, nécessité de penser à soi plutôt qu'à son pays, c'est-à-dire plutôt qu'à son prochain.

« En Utopie, au contraire, où tout appartient à tous, personne ne peut manquer de rien, une fois que les greniers publics sont remplis. Car la fortune de l'état n'est jamais injustement distribuée en ce pays; l'on n'y voit ni pauvre ni mendiant, et quoique personne n'ait rien à soi, cependant tout le monde est riche. Est-il, en effet, de plus belle richesse que de vivre joyeux et tranquille, sans inquiétude ni souci? Est-il un sort plus heureux que celui de ne pas trembler pour son existence, de ne pas être fatigué des demandes et des plaintes continuelles d'une épouse, de ne pas craindre la pauvreté pour son fils, de ne pas s'inquiéter de la dot de sa fille? mais d'être sûr et certain de l'existence et du bien-être pour soi et pour tous les siens, femme, enfants, petits-enfants, arrière-petits-enfants, jusqu'à la plus longue postérité dont un noble puisse s'enorgueillir.

« La république utopienne garantit ces avantages à ceux qui, invalides aujourd'hui, ont travaillé autrefois, aussi bien qu'aux citoyens actifs capables de travailler encore.

« Je voudrais que quelqu'un ici osât comparer avec cette justice la justice des autres nations. Pour moi, que je meure si je vois chez les autres nations la moindre trace d'équité et de justice.

« Est-il juste qu'un noble, un orfèvre, un usurier, un homme qui ne produit rien, ou qui ne produit que des objets de luxe inutiles à l'état, est-il juste que ceux-là mènent une vie délicate et splendide au sein de l'oisiveté ou d'occupations frivoles? tandis que le manœuvre, le charretier, l'artisan, le laboureur, vivent dans une noire misère, se procurant à peine la plus chétive nourriture. Ces derniers, cependant, sont attachés à un travail si long et si pénible que les bêtes de somme le supporteraient à peine, si nécessaire que pas une seule société ne pourrait subsister un an sans lui. En vérité, la condition d'une bête de somme paraît mille fois préférable; celle-ci travaille moins longtemps, sa nourriture n'est guère plus mauvaise, elle est même plus conforme à ses goûts. Et puis l'animal ne craint pas l'avenir.

« Mais l'ouvrier, quelle est sa destinée ? Un travail infructueux, stérile, l'écrase présentement, et l'attente d'une vieillesse misérable le tue; car, son salaire journalier ne suffit pas à tous ses besoins du jour; comment donc pourrait-il augmenter sa fortune et mettre chaque jour de côté un peu de superflu pour les besoins de la vieillesse?

« N'est-elle pas inique et ingrate la société qui prodigue tant de biens à ceux qu'on appelle *nobles*, à des joailliers, à des oisifs, ou à ces artisans de luxe, qui ne savent que flatter et servir des voluptés frivoles? quand d'autre part, elle n'a ni cœur ni souci pour le laboureur, le charbonnier, le manœuvre, le charretier, l'ouvrier, sans lesquels il n'existerait pas de société. Dans son cruel égoïsme, elle abuse de la vigueur de leur jeunesse pour tirer d'eux le plus de travail et de profit; et dès qu'ils faiblissent sous le poids de l'âge ou de la maladie, alors qu'ils manquent de tout, elle oublie leurs nombreuses veilles, leurs nombreux et importants services, elle les récompense en les laissant mourir de faim.

« Ce n'est pas tout. Les riches diminuent, chaque jour, de quelque chose le salaire des pauvres, non seulement par des menées frauduleuses, mais encore en publiant des lois à cet effet. Récompenser si mal ceux qui méritent le mieux de la république semble d'abord une injustice évidente; mais les riches ont fait une justice de cette monstruosité en la sanctionnant par des lois.

« C'est pourquoi, lorsque j'envisage et j'observe les républiques aujourd'hui les plus florissantes, je n'y vois, Dieu me pardonne! qu'une certaine conspiration des riches faisant au mieux leurs affaires sous le nom et le titre fastueux de république. Les conjurés cherchent par toutes les ruses et par tous les moyens possibles à atteindre ce double but :

« Premièrement, s'assurer la possession certaine et indéfinie d'une fortune plus ou moins mal acquise; secondement, abuser de la misère des pauvres, abuser de leurs personnes, et acheter au plus bas prix possible leur industrie et leurs labeurs.

« Et ces machinations décrétées par les riches au nom de l'état, et par conséquent au nom même des pauvres, sont devenues des lois.

« Cependant, quoique ces hommes pervers aient partagé entre eux, avec une insatiable convoitise, tous les biens qui suffiraient au bonheur d'un peuple entier, ils sont loin encore de la félicité dont jouissent les Utopiens.

« En Utopie l'avarice est impossible, puisque l'argent n'y est d'aucun usage; et partant, quelle abondante source de chagrins n'a-t-elle pas tarie! quelle large moisson de crimes arrachée jusqu'à la racine! Qui ne sait, en effet, que les fraudes, les vols, les rapines, les rixes, les tumultes, les querelles, les séditions, les meurtres, les trahisons, les empoisonnements; qui ne sait, dis-je, que tous ces crimes dont la société se venge par des supplices permanents, sans pouvoir les prévenir, seraient anéantis le jour où l'argent aurait disparu? Alors disparaîtraient aussi la crainte, l'inquiétude, les soins, les fatigues et les veilles. La pauvreté même qui seule paraît avoir besoin d'argent, la pauvreté diminuerait à l'instant, si la monnaie était complétement abolie.

« En voici la preuve manifeste :

« Supposez qu'il vienne une année mauvaise et stérile, pendant laquelle une horrible famine enlève plusieurs milliers d'hommes. Je soutiens que si, à la fin de la disette, on fouillait les greniers des riches, l'on y trouverait d'immenses provisions de grains. En sorte que si ces provisions avaient été distribuées à temps à ceux qui sont morts d'amaigrissement et de langueur, pas un de ces malheureux n'eût senti l'inclémence du ciel et l'avarice de la terre. Vous voyez donc que sans argent, l'existence aurait pu, pourrait être facilement garantie à chacun ; et que la clef d'or, cette bienheureuse invention qui devait nous ouvrir les portes du bonheur, nous les ferme impitoyablement.

« Les riches eux-mêmes, je n'en doute pas, comprennent ces vérités. Ils savent qu'il vaut infiniment mieux ne manquer jamais du nécessaire que d'avoir en abondance une foule de superfluités ; qu'il vaut mieux être délivré de maux innombrables, qu'assiégé par de grandes richesses. Je crois même que depuis longtemps le genre humain aurait embrassé les lois de la république utopienne, soit dans son propre intérêt, soit pour obéir à la parole du Christ, car la sagesse du *Sauveur* ne pouvait ignorer ce qu'il y a de plus utile aux hommes, et sa bonté divine a dû leur conseiller ce qu'il savait être bon et parfait.

« Mais l'orgueil, passion féroce, reine et mère de toute plaie sociale, oppose une résistance invincible à cette conversion des peuples. L'orgueil ne mesure pas le bonheur sur le bien-être personnel, mais sur l'étendue des peines d'autrui. L'orgueil ne voudrait pas même devenir Dieu, s'il ne lui restait plus de malheureux à insulter et à traiter en esclaves, si le luxe de son bonheur ne devait plus être relevé par les angoisses de la misère, si l'étalage de ses richesses ne devait plus torturer l'indigence et allumer son désespoir. L'orgueil est un serpent d'enfer, qui s'est glissé dans le cœur des hommes, qui les aveugle par son venin, et qui les fait reculer loin du sentier d'une vie meilleure. Ce reptile s'attache de trop près à leurs chairs pour qu'on puisse facilement l'en arracher.

« Je souhaite du fond de mon âme à tous les pays une république semblable à celle que je viens de vous décrire. Je me réjouis du moins que les Utopiens l'aient rencontrée, et qu'ils aient fondé leur empire sur des institutions qui lui assurent non seulement la plus brillante prospérité, mais encore, autant que peut le conjecturer la prévoyance humaine, une éternelle durée.

« Car, au dedans, tous les germes d'ambition, de faction, sont extirpés avec tous les autres vices. Dès lors l'état ne craint pas les discordes civiles qui ont renversé la puissance et la fortune de tant de cités. L'union des citoyens étant ainsi fortement consolidée à l'intérieur, l'excellence et l'énergie des institutions défendent la république contre les dangers du dehors. L'envie de tous les rois voisins serait impuissante à ébranler ou à troubler l'empire ; déjà, ils l'ont essayé souvent, et toujours ils ont échoué dans leurs tentatives.

. . . .
. . . .
. . . . »

Dès que Raphaël eut achevé ce récit, il me revint à la pensée grand nombre de choses qui me paraissaient absurdes dans les lois et les mœurs des Utopiens, telles que leur système de guerre, leur culte, leur religion, et plusieurs autres institutions. Ce qui surtout renversait toutes mes idées, c'était le fondement sur lequel s'est édifié cette république étrange, je veux dire la communauté de vie et de biens, sans commerce d'argent. Or, cette communauté détruit radicalement toute noblesse et magnificence, et splendeur et majesté; choses qui, aux yeux de l'opinion publique, font l'honneur et le véritable ornement d'un état. Néanmoins, je n'élevai à Raphaël aucune difficulté, parce que je le savais fatigué de sa longue narration. En outre, je n'étais pas bien sûr qu'il souffrît patiemment la contradiction. Je me rappelais l'avoir entendu censurer vivement certains contradicteurs, en leur reprochant d'avoir peur de passer pour imbéciles, s'ils ne trouvaient quelque chose à opposer aux inventions des autres.

Je louai donc les institutions utopiennes et son discours. Puis je le pris par la main pour le faire entrer souper, lui disant qu'une autre fois nous aurions le loisir de méditer plus profondément ces matières, et d'en causer ensemble avec plus de détails.

Plaise à Dieu que cela m'arrive un jour.

Car, si d'un côté je ne puis consentir à tout ce qui a été dit par cet homme, du reste fort savant sans contredit et très habile en affaires humaines; d'un autre côté, je confesse aisément qu'il y a chez les Utopiens une foule de choses que je souhaite voir établies dans nos cités.

Je le souhaite plus que je ne l'espère.

FIN.

NOTES.

note A.

Le passage suivant de *Rapin Toyras* explique la position du roi d'Angleterre vis-à-vis de l'archiduc Charles, prince des Espagnes, en 1515 :

« Henri avait deux ambassadeurs à Bruxelles, qui ne
« faisaient pas grands progrès. Il en avait usé fort cava-
« lièrement avec le jeune archiduc Charles, prince des
« Espagnes, en donnant la princesse, sa fiancée, à
« Louis XII, sans lui avoir fait, sur ce sujet, la moindre
« civilité. Véritablement, Charles ne s'était pas rendu à
« Calais, le 5 mai de l'année précédente, comme il y était
« engagé par le traité de Lille. Mais on n'en pouvait pas
« inférer qu'il eût renoncé à son mariage, du moins
« avant qu'on lui eût fait demander s'il avait l'intention
« de l'accomplir. Henri craignit donc que ce prince, qui
« venait de prendre en main le gouvernement des Pays-
« Bas et de faire un traité avec la France, ne pensât à se
« venger de l'affront qui lui avait été fait. Aussi, ce fut
« en vue de le sonder et de prévenir les effets de son res-
« sentiment, qu'il envoya deux ambassadeurs, qui avaient

« ordre de lui proposer le renouvellement de l'alliance
« conclue autrefois entre Henri VIII et Philippe I, leurs
« pères. Mais on laissa ces ambassadeurs se morfondre à
« Bruxelles, sans leur faire beaucoup d'honneur, et
« même sans leur donner aucune réponse pendant un
« assez long temps. »

Les deux ambassadeurs dont parle Rapin Toyras étaient *Cuthbert Tunstall* et *William Knyght*. Ces diplomates dirigeaient en même temps une autre ambassade, chargée de négocier un traité de commerce avec l'archiduc, et d'exiger l'exécution pleine et entière du traité précédemment conclu entre les rois Henri VII et Philippe I, en l'année 1506. On sait que, vers cette époque, le commerce de l'Angleterre avec les Pays-Bas, particulièrement le commerce des draps et des laines, avait reçu un développement considérable; ce qui nécessitait souvent des conventions particulières entre les deux peuples, soit pour affranchir la marchandise d'une foule de prohibitions, de droits et d'entraves; soit pour empêcher et punir les friponneries et les fraudes. Ces négociations commerciales se terminèrent ordinairement à l'avantage des Anglais, surtout celles du règne de Henri VII; en outre, elles servaient à couvrir des négociations plus secrètes et plus importantes.

Voici, extraits de *Rymer*, les noms des membres composant la députation anglaise à Bruxelles :

CUTHBERT TUNSTALL, WILLIAM KNIGHT, RICHARD SAMPSON, THOMAS SPYNELL, THOMAS MORUS, JOHN CLIFFORD.

La députation flamande se composait de : GUILLAUME DE CROY, seigneur DE CHIÈVRES; JEAN LE SAUVAGE, chancelier ; MICHEL DE CROY, JEAN DE HALLEWYN, GEORGES DE THAMASIA, PHILIPPE UBHALANT.

Le traité de paix et celui de commerce furent signés tous deux, à Bruxelles, par les plénipotentiaires anglais, le 24 janvier 1516.

NOTE B.

Cuthbert Tunstall, élève et docteur de cette université d'Oxford qui fournit à l'Angleterre tant d'hommes d'état et d'écrivains illustres. Tunstall était mathématicien, théologien et jurisconsulte. Henri VIII, qui, au commencement de son règne, aimait à s'entourer d'hommes capables et instruits, lui confia les fonctions les plus honorables et les plus importantes. Il le nomma successivement secrétaire de son cabinet, chancelier de l'archevêché de Canturbery, ambassadeur en plusieurs occasions, évêque de Londres en 1522, évêque de Durham en 1530, président du gouvernement du nord d'Angleterre; enfin il le mit au nombre de ses exécuteurs testamentaires en 1546. Alors que Tunstall présidait l'ambassade anglaise envoyée en Flandre en l'année 1515, il n'était encore que chancelier de l'archevêque de Canturbery, comme on voit par l'extrait suivant d'une lettre d'Érasme à Pierre Gilles :

« *Adsunt Brugis duo totius Angliæ doctissimi, Cut-*
« *bertus Tunstallus archiepiscopi Cantuariensis can-*
« *cellarius, et Thomas Morus.* » (*Epist. Erasm. ad Pet.*

Ægidium). Cuthbert Tunstall n'eut pas le courage de son ami Thomas Morus dans les affaires de la réformation et du divorce de Henri VIII avec Catherine d'Espagne. Mais plus tard il se repentit, et, à l'âge de 84 ans, il mourut en prison pour sa foi, sous le règne d'Élisabeth, l'année 1559.

Tunstall a laissé plusieurs écrits, dont voici les titres :

De arte supputandi ; Commentarii in Apocalypsin ; Contrà Tindallum ; de Laude matrimonii ; de Veritate corporis et sanguinis Christi in Eucharistiá ; Liber elegantium sermonum ; Epistolæ ad Budæum et alios ; Prædestinationis contrà blasphematores.

NOTE C.

Ce gouverneur de Bruges devait être Guillaume de Croy, seigneur de Chièvres, grand-maître et grand chambellan de l'archiduc Charles. Après avoir servi avec distinction dans les guerres d'Italie, sous les rois Charles VIII et Louis XII, le seigneur de Chièvres se retira dans le Hainaut, où il fit la plus brillante fortune. L'archiduc Philippe, en partant pour l'Espagne (1506), lui laissa l'éducation de son fils et le gouvernement de ses états dans les Pays-Bas. Depuis cette époque jusqu'à l'année 1521, Guillaume de Croy ne quitta plus l'archiduc Charles. Il réussit à lui assurer les couronnes de Castille et d'Aragon, et la succession de l'empire. Le jeune prince, dévoué à son gouverneur, en fit son premier ministre et son favori, et suivait ses conseils en toute chose. Ils allèrent ensemble en Espagne où Chièvres fut chargé de la direction des affaires après la mort du cardinal Ximénès ; Chièvres avait toujours été haï de Henri VIII et de Ferdinand-le-Catholique, à cause de son origine française et de son éloignement à entrer dans leurs projets contre la France ; il n'était pas moins détesté par les Espagnols, qui l'accusaient d'avoir dilapidé les trésors du cardinal Ximénès et les revenus de Castille et d'Aragon, pendant quatre années ; d'avoir vendu les charges et les bénéfices de ces deux monarchies. Le dernier acte de cet homme d'état fut sa participation à la diète impériale de Worms, où Luther, interrogé par Ekius, défendit hardiment ses doctrines en présence de l'empereur et de tous les députés de l'empire. Peu de jours après son entrée dans Worms, Chièvres vit mourir, empoisonné à l'âge de vingt-trois ans, son neveu le cardinal de Croy, archevêque de Tolède. Lui-même mourut aussi empoisonné cinquante jours après.

NOTE D.

Déjà le congrès avait tenu deux séances et ne pouvait convenir sur plusieurs articles.

La cause apparente ou réelle de ce dissentiment était le traité de commerce de 1506, conclu entre Henri VIII et Philippe I. Ce traité avait modifié les précédents d'une manière extrêmement favorable aux Anglais, sans compensation pour les Flamands ; il avait même ôté à ces derniers la liberté de pêche sur les côtes d'Angleterre. Aussi, les habitants des Pays-Bas le violaient en toute rencontre et lui avaient donné le surnom de *Intercursus malus*. Le résultat des négociations de 1515 fut une convention provisoire de cinq ans; laquelle, sans détruire directement le traité de 1506, replaçait le commerce des deux nations sur les bases du grand traité de 1495, en stipulant, pour les Anglais, deux notables réductions de droits. Le traité de 1495 pouvait être regardé comme un code à peu près complet de commerce international. On l'avait appelé *Intercursus magnus*, à cause de son importance et de son étendue. Il contenait 38 articles, parmi lesquels on remarque celui qui établissait qu'un navire faisant naufrage sur les côtes de l'un des deux princes ne serait point confisqué, s'il y restait en vie un homme, un chien, un chat ou un coq.

NOTE E.

Pierre Gilles.

Ce personnage serait demeuré complétement obscur sans les relations d'amitié qu'il eut avec Thomas Morus, Busleiden, Erasme et plusieurs autres écrivains célèbres de son temps. Il est cité comme poëte et théologien par quelques historiens flamands. Érasme l'appelle son *hôte et son Pylade*, et le loue d'avoir traduit en vers presque toutes les saintes Ecritures. Il était *greffier* (*graphiarius*) de la ville d'Anvers, où il professa la théologie avec distinction. On a de lui l'épître de saint Paul aux Romains et les sept psaumes de la pénitence traduits en vers latins. Mirœus, dans sa Bibliothèque ecclésiastique, lui attribue les ouvrages suivants: 1° *Threnodiam in funas Maximiliani Cæsaris I* ; 2° *Lexicon Græcum* ; 3° *Præceptiones ad principes ac magistratus instruendos*. Valère-André le fait auteur d'un commentaire sous le titre : *Commentarius in Ovidium de remedio amoris*.

NOTE F.

Guerre qui se termina par un affreux massacre des insurgés.

Il est ici question de la révolte de Cornouailles, arrivée en 1497 à l'occasion de la levée d'un subside considérable voté par le Parlement, pour la guerre d'Écosse. Les commissaires du roi Henri VII mirent tant d'inhumanité et de rigueur dans la perception du nouvel impôt, que le peuple de Cornouailles, moins traitable que celui des autres provinces, se souleva en masse, avec des cris de mort contre Réginald Bray et le cardinal Morton. Les insurgés, ayant à leur tête l'avocat *Flammock* et un maréchal-ferrant appelé *Michel*, marchent à Londres, à travers les provinces de Devonshire et de Somerset. A Wells, ils choisissent pour leur général le lord *Audley*, qui les conduit à Salisbury, puis à Winchester, et voulait les mener droit à Londres comme le bon sens l'indiquait. Mais l'avocat Flammock pensa qu'il valait mieux envahir la province de Kent, afin de recruter des mécontents. Son avis prévalut, et cette fausse démarche démoralisa et perdit l'insurrection. Cependant le lord Audley vint camper à Black-Heath, presqu'en vue de Londres. Henri VIII l'attendait avec des forces supérieures. La bataille (22 juin) fut sanglante ; les insurgés perdirent le tiers de leur monde ; le reste fut fait prisonnier. *Audley* fut décapité, couvert d'un habit de papier peint de ses armes renversées. *Michel* et *Flammock* furent traînés sur la claie, pendus et écartelés.

NOTE G.

Le cardinal Morton.

Ce prélat eut un bonheur unique en ces temps de guerres civiles, celui de terminer, au faîte du pouvoir et des honneurs, une longue vie politique, passée sous quatre règnes de dynasties différentes. Ce n'était pas un grand caractère, mais un esprit flexible, intelligent et rusé. Sa réputation commença à l'université d'Oxford dont il était membre et l'un des plus savants professeurs. Henri VI l'admit dans son conseil privé ; Édouard IV, loin de l'exclure de ce poste, lui donna une plus haute marque de faveur en le nommant évêque d'Ély, et l'un de ses exécuteurs testamentaires. Morton était présent à ce fameux conseil de la Tour, où le duc de Glocester fit tuer ou emprisonner les conseillers fidèles à Édouard V, et usurpa violemment la couronne. On sait que ce jour-là lord Hastings fut décapité, et que l'évêque d'Ély fut arrêté avec lord Stanley et l'archevêque d'Yorck. Glocester, devenu Richard III, sur une requête de l'université d'Oxford, tira Morton de la prison de la Tour où il était renfermé, et le mit sous la garde du duc de Buckingham, qui fit conduire l'évêque à son château de Brecknock. Ce fut là que Buckingham, mécontent du roi Richard, conspira avec Morton pour mettre sur le trône le comte de Richemond, dernier rejeton de la famille de Lancastre. L'évêque, redoutant la découverte du complot, se sauva en Flandre; quant à Buckingham, il fut trahi, livré et exécuté. Morton continua de conspirer en Flandre, d'où il rendit les plus importants services au comte de Richemond, depuis Henri VII, et qui alors était réfugié en Bretagne. Henri, dès qu'il fut roi, se ressouvint de l'évêque d'Ély, dont le caractère et le génie étaient d'ailleurs à sa convenance. Ce prince combla Morton de dignités et de richesses; il le fit successivement archevêque de Canturbery, premier ministre, grand chancelier, et cardinal. Morton mourut en 1500, à l'âge de quatre-vingt-dix ans, et peu regretté des Anglais, qui le regardaient comme le complice de la tyrannie et des rapines du roi Henri VII.

NOTE H.

Ce qui n'est pas moins funeste.

Le luxe des domestiques était alors porté si loin, qu'il avait éveillé la surveillance du gouvernement, et nécessité plusieurs lois répressives. Différents actes du parlement défendaient de donner des livrées à d'autres qu'aux domestiques ordinaires et actuellement servant. On conçoit quels désordres pouvaient survenir de cette population parasite, enlevée à l'agriculture et aux arts utiles, destinée à servir d'élément de trouble, dans les guerres civiles, et de protection armée contre les lois en temps de paix. Henri VII fut très sévère dans l'application des peines entraînées par les délits de ce genre ; ce qui du reste lui rapporta des sommes considérables. Le fait suivant prouve qu'il ne ménageait pas même ses meilleurs amis. Un jour, il alla visiter le comte d'Oxford, à la maison de campagne de ce dernier. Le comte, pour faire honneur à son royal visiteur, le reçut au milieu d'une longue haie de gens de livrée magnifiquement vêtus. En partant, le roi, qui avait appris de son hôte que ces nombreux valets étaient seulement loués et retenus pour les jours d'apparat et les occasions extraordinaires, lui dit brusquement : « Par ma foi, mylord, je vous remercie de votre bonne « chère ; mais je ne souffrirai point que sous mes propres « yeux on viole ainsi les lois. Mon procureur général vous « parlera de ma part. »

Le comte d'Oxford ne se débarrassa du procureur général qu'au prix de quinze mille marcs.

NOTE I.

Supposons que je sois ministre du roi de France.

Les lignes qui suivent résument très bien la politique de Louis XII, au commencement de 1514, et celle de François Ier, au commencement de 1515 ; à part l'amplification de Thomas Morus sur l'ambition de la cour de France, et sur la mauvaise foi de cette dernière dans ses alliances avec Venise, Venise avait rompu la première le traité de Blois de 1499, en négociant une trêve avec le roi des Romains, à l'insu de Louis XII, en favorisant le roi d'Aragon, dans son usurpation de la moitié du royaume de Naples. Si la ligue de Cambrai fut une grande faute politique, c'était du moins une représaille. Et puis, comment l'Angleterre pouvait-elle sérieusement reprocher au gouvernement français ses prétentions sur le duché de Milan et le royaume de Naples, lorsqu'elle venait de faire la guerre à la France (1512 et 1513), pour lui enlever la Guienne, la Normandie et la Picardie?

NOTE K.

Il est vrai que l'Écosse, amie de la France et séparée de l'Angleterre, était pour celle-ci une chaîne, une menace, et comme une armée d'invasion permanente. Henri VIII avait compris l'extrémité du péril, lorsque, guerroyant en France, il avait été attaqué en Angleterre par le roi Jacques, qui périt à Flodden-field. Après la mort de ce prince, Henri VIII espérait gouverner l'Écosse par la reine Marguerite, sa sœur, veuve du roi défunt; mais Louis XII se hâta d'y envoyer Jean Stuart, duc d'Albany, cousin germain de Jacques IV, qui fut nommé par les états du royaume tuteur du jeune roi Jacques V. François Ier avait employé tout son crédit pour maintenir le duc d'Albany à la régence, malgré les intrigues de Henri VIII. Cela explique suffisamment les rancunes et les jalousies de ce dernier, et aussi le passage de l'Utopie relatif à l'alliance de la France et de l'Écosse. Du reste, il est évident que l'Angleterre, séparée de l'Écosse, ne pouvait entreprendre rien de grand, rien de sérieux au dehors, ni se créer un avenir. La politique et les intérêts des deux pays demandaient la réunion.

NOTE L.

Il est ici question de Richard de la Pole, troisième fils de Jean de la Pole, duc de Suffolck, et d'Élisabeth d'York, sœur d'Édouard IV. Richard de la Pole pouvait jouer le rôle de prétendant; c'était un instrument de guerre civile en Angleterre, à la disposition de François Ier, et qui, d'un moment à l'autre, pouvait rallumer les sanglantes querelles des maisons d'York et de Lancastre. On comprend que Henri VIII et ses ministres devaient voir avec inquiétude la protection et l'asile accordés par la France à ce seigneur, qui avait commandé six mille hommes au siége de Térouenne, et qui venait d'amener récemment à François Ier un renfort d'Allemands. Le cardinal Wolsey, dans un grand conseil d'état (1515), où fut décidée la rupture avec la France, argumenta, entre autres griefs, de l'appui donné par cette puissance à Richard de la Pole, qui était un transfuge et un traître. Richard avait eu deux frères, qui eurent, comme lui, une fin malheureuse. Le premier, Jean, comte de Lincoln, fut tué à la bataille de Stoke; le second, Edmond, comte de Suffolck, fut livré à Henri VII en 1506, par Philippe, roi de Castille ; puis enfermé à la tour de Londres; enfin décapité en 1513, par ordre de Henri VIII, au mépris de la parole royale que son père Henri VII avait donnée à Philippe Ier, de ne jamais faire mourir ce prisonnier.

NOTE M.

Thomas Morus attribue au roi de France ce qui était clairement le fait du roi Henri VII ; mais on ne pouvait se méprendre à cette substitution de personne, commandée à l'écrivain par sa position particulière auprès du fils de ce dernier monarque. L'avarice de Henri VII était devenue proverbiale, et les moyens qu'il employait pour la satisfaire se retrouvent indiqués dans toutes les histoires contemporaines, aussi bien que dans l'Utopie de Thomas Morus. La passion de gagner de l'argent conduisit ce prince à l'oppression, dégrada son caractère qui ne manquait pas de supériorité, et ternit la gloire qu'il avait eue d'éteindre la guerre civile en Angleterre, d'affaiblir le système féodal, et de fonder un gouvernement stable et régulier. Il paraît étrange que le parlement n'ait fait aucune opposition à tant d'exactions tyranniques ; mais Henri VII avait rendu le parlement docile et muet par la corruption et la terreur. Cette assemblée poussa le servilisme jusqu'à choisir pour son *orateur* le ministre *Dudley*, l'homme le plus impopulaire, le plus exécré du peuple anglais. Henri VII sut exploiter habilement cette élection, et faire consentir la chambre des communes à de nouvelles rapines. Voici un extrait de l'histoire d'Angleterre par *Rapin Thoiras*, qui donne la mesure de la cupidité du père de Henri VIII.

« L'historien *Bacon* dit qu'il avait vu un compte *d'Emp-*
« *son*, apostillé à chaque article, de la propre main du
« roi, où celui-ci se trouve entre plusieurs autres :

« *Reçu de N.... cinq marcs, pour lui procurer un par-*
« *don, à condition que s'il ne l'obtient pas, on lui rendra*
« *son argent, ou qu'on le satisfera d'une autre manière.*
« L'apostille du roi était : *il sera autrement satisfait.* Il
« ne voulait pas se résoudre à restituer les cinq marcs;
« on voit par là qu'il ne négligeait pas les petits pro-
« fits. »

FIN DES NOTES.

La lettre suivante d'Érasme à Jean Froben, est un document utile qui détermine la date de la deuxième publication de l'Utopie, et fait connaître la position de Thomas Morus dans le monde savant au commencement du XVIe siècle.

ÉRASME DE ROTTERDAM

A JEAN FROBEN, SON TRÈS CHER COMPÈRE,

SALUT.

Jusqu'ici, tout ce que j'ai lu de mon cher Morus me plaisait infiniment. Néanmoins, je me défiais un peu de mon jugement, à cause de l'étroite amitié qui nous unit.

Aujourd'hui, que les savants n'ont qu'une voix pour appuyer mon suffrage, et que même ils admirent plus vivement que moi le génie divin de cet homme, non pas qu'ils l'aiment davantage, mais parce qu'ils ont plus de lumières; en vérité, je m'applaudis de mon opinion, et je ne craindrai pas, à l'avenir, de déclarer ouvertement ce que je sens.

Que n'eût pas produit cette nature merveilleusement heureuse, si l'Italie avait pu la polir et la former? que n'eût pas fait un pareil génie, s'il s'était voué tout entier au culte des Muses, s'il avait mûri jusqu'à l'état de fruit parfait, et, pour ainsi dire, jusqu'à son automne? Jeune encore, il écrivit, en se jouant, des épigrammes; et la plupart même, il les composa, enfant.

Jamais il n'a quitté l'Angleterre, son pays, si ce n'est une fois ou deux, pour aller en Flandre remplir une ambassade, au nom de son prince. Outre les devoirs du mariage, les soins domestiques, l'exercice d'une fonction publique et des flots de procès, il est absorbé par tant d'affaires et les plus importantes du royaume, que vous serez étonné qu'il ait le temps de songer à des livres.

Je vous envoie donc ses *Exercices* (Progymnasmata) et son Utopie, afin que, si cela vous convient, vous les imprimiez pour le monde et pour la postérité. Car l'autorité de vos éditions est telle, qu'un livre est bien venu des érudits par cela seul qu'ils le savent sortir des presses de Froben.

Portez-vous bien, ainsi que votre excellent beau-père, votre charmante épouse, et vos délicieux enfants.

Je vous recommande mon Érasme, ce fils qui nous est commun. Il est né parmi les Muses; ayez soin qu'il soit élevé dans les bonnes lettres.

Louvain, 25 août 1517.

TABLE DES MATIÈRES.

Introduction. 1
Notice bibliographique. 27
Utopie. Livre premier. 35
— Livre deuxième. 121
Notes. 295
Épître d'Érasme à Jean Froben. 309

FIN DE LA TABLE.

www.ingramcontent.com/pod-product-compliance
Lightning Source LLC
Chambersburg PA
CBHW060359170426
43199CB00013B/1933